文化文物单位文化创意产品开发案例集

文化部文化产业司
国家文物局博物馆与社会文物司（科技司）
中央文化管理干部学院 / 编

文化藝術出版社
Culture and Art Publishing House

图书在版编目（CIP）数据

文化文物单位文化创意产品开发案例集 / 文化部文化产业司，国家文物局博物馆与社会文物司（科技司），中央文化管理干部学院编.
— 北京：文化艺术出版社，2016.11
ISBN 978-7-5039-6217-2

Ⅰ.①文… Ⅱ.①文… ②国… ③中… Ⅲ.①文化产业–产品开发–案例–中国 ②文物–文化产业–产品开发–案例–中国 Ⅳ.①G124

中国版本图书馆CIP数据核字（2016）第267359号

文化文物单位文化创意产品开发案例集

编　　著　文化部文化产业司
　　　　　国家文物局博物馆与社会文物司（科技司）
　　　　　中央文化管理干部学院
责任编辑　蔡宛若
书籍设计　马夕雯
出版发行　文化艺术出版社
地　　址　北京市东城区东四八条52号　（100700）
网　　址　www.whyscbs.com
电子邮箱　whysbooks@263.net
电　　话　（010）84057666（总编室）　84057667（办公室）
　　　　　84057691—84057699（发行部）
传　　真　（010）84057660（总编室）　84057670（办公室）
　　　　　84057690（发行部）
经　　销　新华书店
印　　刷　北京荣宝燕泰印务有限公司
版　　次　2018 年 1 月第 1 版
印　　次　2018 年 1 月第 1 次印刷
开　　本　787 毫米 × 1092毫米　1/16
印　　张　18.75
字　　数　200千字
书　　号　ISBN 978-7-5039-6217-2
定　　价　78.00 元

目录

国外案例

前 言

习近平总书记在中央政治局第十二次集体学习时强调，要“系统梳理传统文化资源，让收藏在禁宫里的文物、陈列在广阔大地上的遗产、书写在古籍里的文字都活起来”。在有效保护的前提下，让传统文化资源活在当下、传承发展，成为我们面临的重大课题。目前，各级各类博物馆、美术馆、图书馆等文化文物单位掌握了大量各种形式文化资源，鼓励和推动文化文物单位系统梳理馆藏文化资源，广泛吸引社会力量参与，进行文化创意产品开发，是贯彻落实总书记重要讲话精神、推动文化资源“活起来”的重要途径，也有利于推动优秀传统文化与当代文化相适应、与现代社会相协调，推陈出新、以文化人，更好地弘扬中华优秀传统文化。

为深入发掘文化文物单位馆藏文化资源，发展文化创意产业，开发文化创意产品，弘扬中华优秀文化，传承中华文明，推进经济社会协调发展，提升国家软实力，2016年5月，国务院办公厅转发文化部、国家发展和改革委员会、财政部、国家文物局4部门《关于推动文化文物单位文化创意产品开发的若干意见》（以下简称《意见》）。《意见》提出了“十三五”时期文化文物单位开发文化创意产品的目标，即力争到2020年，逐步形成形式多样、特色鲜明、富有创意、竞争力强的文化创意产品体系，满足广大人民群众日益增长、不断升级和个性化的物质和精神文化需求。《意见》明确了推动文化文物单位文化创意产品开发的总体要求、主要任务、支持政策和保障措施，并提出要选择部分单位开展试点，在开发模式、收入分配和激励机制等方面进行探索。《意见》的出台对推动我国文化文物单位文化创意产品开发具有重要意义。近年来，在国家系列政策的支持下，各级各类文化文物单位积极探索，已涌现出了许多成功案例。为了帮助全国文化文物单位及时了解、把握国内外相关单位机构文化创意产品开发经营现状，推广经验、促进发展，我们编辑了本书。

全书分为两部分。第一部分是国内案例，对国内文化创意产品开发业绩突出的22家文化文物单位，分为基本情况、代表性文化创意产品、开发经营经验做法予以具体介绍。第二部分是国外案例，选取国外4家不同主题和特色的代表性文化文物机构，介绍其文化创意产品开发的思路、做法和代表性产品，作为他山之石为国内同行提供借鉴。

本书是国内第一本关于文化文物单位文化创意产品开发的案例集，主要特点体现在：一是努力增强可读性和启发性。本书以文化创意产品展示为核心，精选文化创意产品图片，配以产品创意设计解读，辅之以产品开发经验做法的归纳和总结，使读者既能直观感受文化创意产品的文化意蕴、设计思路和创意特点，又能增强可读性和启发性。二是入选案例代表性强。本书案例包含了国内外博物馆、美术馆、图书馆、纪念馆、文艺院团等主要单位类别，呈现了国内外文化文物单位和机构文化创意产品开发的基本面貌，有助于读者全面了解相关情况。三是案例资料来源具有权威性和专业性。本书编选的国内案例全部由入选单位提供第一手资料，国外案例也是在总结各机构近年来发布的信息资料基础上编写而成，其权威性和专业性提高了读者参考价值。

希望本书能够对各级文化文物行政部门、各类文化文物单位贯彻落实《意见》精神、推动工作进展发挥作用，对文化创意产品设计、运营机构及相关人员、高等院校相关专业师生等社会力量参与提供参考，对文化创意产品爱好者有所帮助。

2017年4月

国内案例

故宫博物院

故宫博物院成立于1925年，是建立在明、清两朝皇宫基础上的综合性国家级博物馆，故宫是世界上现存规模最大、保存最完整的古代砖木结构宫殿建筑群，1987年列入《世界文化遗产名录》，也是首批全国重点文物保护单位。

故宫博物院既是明清紫禁城建筑群与宫廷史迹的保护管理机构，也是以明清皇室旧藏文物为基础的收藏、展示和研究机构。故宫博物院的文物藏品品类丰富，可划分为陶瓷、绘画、法书、碑帖、青铜、玉石、珍宝、漆器、珐琅、雕塑、铭刻、家具、古籍善本、文房用具、帝后玺册、钟表仪器、武备仪仗、宗教文物等，共25大类、69小项，计180多万件(套)。截至2006年年底，占中国文物系统博物馆藏品总量的11.5%，其中一级文物8273件

故宫博物院

THE PALACE MUSEUM

（套），占中国文物系统博物馆藏品一级文物的1/6。在故宫博物院的180多万件（套）文物藏品中，有130多万件（套）是清宫旧藏和遗存，占藏品总数的85%，其余20多万件（套）为建院以来的新收藏，占藏品总数的15%。

故宫博物院目前常设有陶瓷馆、书画馆、古建馆、钟表馆、珍宝馆、雕塑馆、青铜器馆和戏曲馆等文物专馆，以及太和殿、乾清宫、寿康宫等原状陈列，并不断推出各类专题文物展览。近年来，步入信息化时代的故宫博物院利用最先进的数字化技术和设备，建设了端门数字馆并开发了多种数字化应用，让广大观众可以更完整地了解紫禁城所蕴含的博大精深的中华民族智慧和文化精神。

一、代表文创产品

（一）“神骏”系列

通过提取故宫博物院藏《人马图》、《乾隆皇帝大阅图轴》和《弘历射猎图像轴》中的骏马形象元素，研发的领带和水果叉系列文创产品，不仅骏马造型生动，更保留了原画作的精气神韵。将丝绸、陶瓷等传统工艺与现代纺织和合金技术相结合，使产品兼具艺术性和实用性。

（二）“胤禛美人图”系列

图案选取自清代宫廷仕女画《雍亲王题书堂深居图屏》，雨伞分春款、夏款、秋款和冬款。春款整伞颜色为浅绿色，主要图案选取仕女立持如意的形象，并配合繁花似锦的牡丹花图案。夏款整伞颜色为粉色，主要图案选取仕女在烛光下行针走线的形象，并配合盛放的荷花图案。秋款整伞颜色为橙色，主要图案选取仕女观赏喜鹊时的形象，并配合宁静的竹叶图案。冬款整伞颜色为宝蓝色，主要图案选取仕女持镜自赏的形象，并配合梅花的图案。除雨伞外，还陆续研发了图书、挂绳和化妆镜系列产品，其中美人图图书被评为“2012中国最美的图书”。

【立持如意】
【烛下缝衣】
【倚榻观雀】
【裘装对镜】

十二美人

（三）“海水江崖”系列

“海水江崖”系列产品根据皇帝龙袍下摆海水江崖图案设计，寓意江山永固，包含桌旗、餐垫、纸巾盒、糖果盒、电脑包、钱包、护照夹、名片夹、iPad 包、mini iPad 包、iPhone 包、手包。该系列产品运用真丝织锦缎及真皮压花等工艺，外部材质为金色海水江崖纹织锦缎，内部材质为真皮衬里及真丝衬里。每一件成品均在色彩和质地上具有较高品质，图案精美，立体感强。

（四）“宫门箱包”系列

“宫门箱包”设计方案曾荣获“紫禁城杯”故宫文化产品创意设计大赛铜奖。该产品以故宫博物院宫门为参照，提取宫门门钉、金铺首作为设计元素，采用超级纤维皮革材质，以“故宫红”为主色，金属装饰配件“金铺首”系单独开模制作。“宫门箱包”系列包括“故宫门钉双肩包”、“故宫门钉拉杆箱”两款产品。“故宫门钉双肩包”采用肩带减压设计，内设电脑隔层，功能性较强。

（五）“大凤”系列

以故宫藏品“月白缂丝凤梅花灰鼠皮氅衣”为灵感来源研发的丝绸类文创产品，以“寿”字和大凤为主体图案，四周环绕梅花，风格清新秀丽。疏梅横斜绕以象征长寿的团“寿”字，是中国传统经典图案。

（六）“瑞兽”系列

太和殿屋脊的走兽，又称小兽，为屋顶檐角所用的装饰物。其排列顺序为仙人、龙、凤、狮子、天马、海马、狎鱼、狻猊、獬豸、斗牛、行什，多为有象征意义的传说中的异兽，象征殿宇威严、消灾灭祸、逢凶化吉、剪除邪恶、主持公道。除了期盼风调雨顺、国泰民安之意，又有防止脊瓦下滑的作用。通过提取这一元素，故宫博物院陆续研发了瑞兽铅笔、瑞兽跳棋等富含知识性、趣味性和实用性的文创产品。

（七）“德化瓷”系列

根据故宫博物院院藏的“石叟”款观音坐像、德化窑白釉达摩像和德化窑白釉观音坐像，陆续研发了德化瓷“书籍观音”、德化瓷“达摩”像和德化瓷“观音”坐像三款产品。该系列产品采用上等高岭土制作，模具成型，手工修胎烧造而成，完美呈现出德化瓷莹白细腻、温润如玉的特色。德化瓷“溪茗”壶产品原型，来自故宫博物院收藏的御用茶壶藏品。其壶身呈“八”字造型，曲线柔和流畅，造型浑厚朴拙。壶把呈倒三角形，与壶身之型互补，平压盖，桥钮，充分体现出秀巧精工的特点。该产品采用德化上等高岭土制作，壶身光素，手工修胎烧造，经1200摄氏度高温烧制而成。

（八）“五牛图”系列

故宫博物院藏画《五牛图》是目前所见最早作于纸上的绘画，图画五牛，形象不一，姿态各异，或行或立，或俯首，或昂头，动态十足。借助传统铜艺技术，故宫博物院研发了“五牛图系列铜牛”，每头铜牛造型准确生动，线条富有力度，对原画作表现得极为传神。该产品曾被选为国家领导人出访时赠送给外国元首的国礼。

（九）“萌”系列

以院藏陶俑为文化元素的系列产品，将陶俑自身蕴含的生活性元素与现代实用工具巧妙融合。“陶俑雨伞”在折叠之后，伞身仿佛陶俑身着的服装，配合陶俑生动的面部表情，使这件文创产品顿时焕发了活力。灵活利用陶俑造型研发的“陶俑牙签筒”，让陶俑原本空空如也的怀抱和背篓为现代人的日常生活提供方便，简单实用还充满了趣味性。

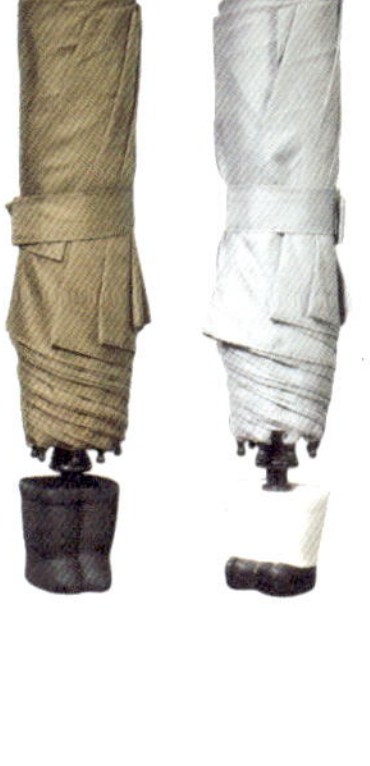

（十）“娃娃”系列

让皇宫中的皇帝、皇子、格格、大臣和侍卫们化身为趣味性十足的宫廷娃娃，故宫博物院将这一故宫元素广泛应用于摇头娃娃、手机壳、钥匙链、手表、便签夹等多款文创产品的研发中。该系列产品曾荣获“全国博物馆文化产品研发成果展示奖”一等奖。

二、文创事业发展经验

（一）文创产品开发概况

故宫博物院一直致力于收藏、保护、展示、研究与传统文化相关的文物藏品，致力于研究明清宫廷历史，为社会公众提供宣传教育，并且逐步满足人民大众的文化消费需求。为贯彻落实相关文件精神，故宫博物院深挖故宫文化元素，逐步加大文创产品的研发力度，提升研发水平，让故宫文创产品成为展览的延伸。在真诚为观众提供服务的同时，传播中华民族的优秀传统文化，满足人民大众的精神和物质文化需求。

截至2016年12月，故宫博物院共计研发文创产品9169种，其中服饰系列文创产品1540种，丝绸系列文创产品731种，陶器系列文创产品503种，瓷器系列文创产品793种，铜器系列文创产品421种，木质系列文创产品411种，书画系列文创产品806种，贵金属系列文创产品960种，钥匙扣系列文创产品193 种，笔系列文创产品12种，T 恤衫系列文创产品197种，首饰系列文创产品321种，领带系列文创产品36 种，箱包系列文创产品200种，伞系列文创产品21 种，文房系列文创产品8种，玩偶系列文创产品93种，其他文创产品1923种。故宫出版社出版图书1460种，17种图书入选“十二五”国家重点图书出版规划项目，41种图书入选“全国中小学图书馆（室）推荐书目”，承担多项国家出版基金资助项目，多次荣获中华优秀出版物图书奖、文化遗产著作年度最佳奖等。故宫博物院文创产品因独特的文化内涵和新颖的设计，多次被国务院、外交部选为国礼，赠送外国元首及国际友人。

（二）创新做法

1.认识和理念的创新

为充分贯彻落实习近平同志关于让文物“活起来”的指示精神和李克强同志、刘延东同志的相关指示精神，故宫博物院根据自身的实际情况，对经营布局、产品研发、宣传推广等工作的认识和理念进行了创新。单霁翔院长强调，故宫的文创产品要更多地研究人们的生活方式，和人民群众的文化生活方式相结合；要和故宫人的学术研究成果、故宫的藏品以及藏品的文化信息相结合；要广泛地和社会优秀的创意设计团队相结合；要广泛地和社会上优秀的加工企业相结合。根据这四个结合，故宫博物院在实践中总结出了文创研发和经营的基本理念：以社会公众需求为导向，以前沿科技为依托，以学术研究成果为支撑；在研发过程中，要深入挖掘故宫文物藏品的内涵，使故宫文创产品具有历史性、艺术性、知识性、实用性、趣味性、环保性；真诚服务广大社会民众，有针对性地研发出不同层次的文创产品，满足不同观众对文创产品的需求；努力促进故宫文化传播。要注重文创产品的包装和宣传，注重文创产品知识产权的保护。这些紧跟文创事业发展需要的新认识和新理念，保证了故宫博物院在推进自身文创产品研发和经营工作时，方向正确，道路正确，模式正确。

2.研发模式的创新

在文创产品研发工作的前期，通过举办“故宫博物院职工文化产品设计及产品创意竞赛”和“故宫人最喜爱的文物评选活动”，通过故宫人自己的视角，研发出职工自己设计的文创产品，推选出故宫人最喜爱的文物藏品。在院内各部门间、国内各兄弟单位和国外博物馆中，展开了广泛调研，收集了大量意见和有益经验。这些举措为后续文创产品研发工作奠定了坚实基础。

在文创产品的研发过程中，采取灵活的社会合作模式推进研发工作。定期召开故宫文创产品研发工作座谈会，“以产品讲故事，用产品实物说话”，把评选出的优秀文创产品列入研发项目之中。为参会企业提供广泛交流的机会，激发了各企业参与故宫文创产品研发的热情，“用产品说话”的形式有效地避免了产品效果图与产品实物直接的差距，能够在一定程度上提高文创产品研发的效率和效果。在全国范围举办了“紫禁城杯”故宫文化产品创意设计大赛，该大赛旨在更好地传播中国传统文化，挖掘并利用故宫文化资源，发挥故宫文物藏品的文化传播功能和教育功能，促进中国传统文化与当代时尚相结合，唤醒创意设计灵感，将优秀作品“故宫门钉箱包”、“天穹伞”等转化为故宫文创产品。

根据故宫文物展览的内容，研发随展文创产品，并特别注重产品的系列化和数字化。根据展览确定一系列文创产品的选题，保证研发的产品与展览文物的元素一致，文物展出和文创产品销售同步推出，实现了产品系列化，数量快速增长，种类逐渐齐全。如2015年，适逢故宫博物院建院九十周年，为配合院庆的一系列重要展览，故宫博物院组织研发力量为“石渠宝笈展”、“天子万年——清代万寿庆典展”、“营造之道——紫禁城建筑艺术展”、“老照片展”、“雕塑展”共5个展览研发了500余种随展产品，设立了随展专卖店，多款文创产品深受公众的喜爱。配合展览，故宫博物院还自主研发数字化App产品，目前拥有的《胤禛美人图》、《紫禁城祥瑞》、《皇帝的一天》、《每日故宫》、《韩熙载夜宴图》、《故宫陶瓷馆》、《清代皇帝服饰》、《故宫展览》8款App，均得到广泛的社会认可。

故宫博物院近年来还逐步加大对非物质文化遗产的保护力度，促进手工艺传承，通过与手工艺大师合作，联合研发了36款花丝镶嵌贵金属产品、“五福五代堂”紫砂壶和铜器系列产品。在2011年，故宫博物院整合标识等核心视觉元素，统一了文创产品的包装，为后续研发的文创产品提供了完整的包装规范。

3.经营模式的创新

在故宫博物院内，根据总体规划，对经营网点重新布局，并进行了升级改造。结合参观路线，建设了端门、慈宁宫冰窖、坤宁宫—御花园和神武门外东西长廊四大服务区。其中，于2015年9月建设完成的东长房服务区故宫文化创意体验馆，展示和销售富含故宫元素的文化创意精品，种类丰富、档次齐全，能够满足观众的多种需求。院内经营布局经过整体改建后环境焕然一新，整体观众接待能力和服务水平得到较大提升，并树立了良好的社会形象。

在故宫博物院以外，以文化推广为核心，以展示、传播故宫文化为主，开展了广泛多样的社会合作：在奥林匹克公园“天穹塔”、澳门艺术博物馆、全国人大北京会议中心等地开设故宫文创产品专卖店或专卖柜台。2016年，故宫博物院与皇家加勒比国际游轮签署战略合作协议，通过在“海洋赞礼号”等邮轮上设置历史文化讲座、文创产品展销及故宫艺术品陈列的形式，借助成熟的商业平台，以更加灵活的形式，面向不同层次的人群，在世界范围内传播中华优秀传统文化。

紧跟互联网发展步伐，2008年12月，故宫博物院创立了“故宫淘宝”，现有约200件以故宫元素设计的各类文创产品在线销售，2015年销售额已超过796万元人民币。除了淘宝店以外，还陆续开通运营了故宫商城、京东旗舰店和1号店故宫文创旗舰店。2015年8月，与阿里巴巴集团旗下的营销平台“聚划算”展开合作，借助其平台建立综合文创展示店，涵盖门票、出版及文创产品展示销售等多个层面的内容，建设故宫综合形象展示的互联网优秀平台。2015年12月，故宫微店正式上线，以“小清新、雅生活、高品质”为目标，主打雅致生活类产品。目前故宫微店包含了以“笔记”、“禅艺”、“生活”、“雅玩”、“服饰”、“生活”6个主题的文创产品区。产品的类别涵盖了绘画、陶瓷器、文房四宝、文典、服饰等多个领域。

在无形资产的管理和使用上，故宫博物院先后注册了“故宫”、“紫禁城”等7个商标，并对“故宫”和“紫禁城”商标进行了国际注册。故宫博物院还对各商标的用途进行了明确规范，“紫禁城”商标用于故宫博物院高端文创产品的研发和推广，“故宫”商标用于中低端文创产品的研发和推广。通过深入调研，故宫博物院撰写了《故宫博物院无形资产管理体系研究报告》，起草了《故

宫博物院无形资产保护使用管理办法》，在严格的规范和程序下，开展无形资产授权项目，扩大合作领域。

故宫博物院还积极推广图书版权销售。《清明上河图的故事》先后向日本、韩国及中国台湾、香港地区多家出版社输出版权。台湾艺术家出版社一次性引进故宫博物院《清明上河图的故事》、《书法的故事》、《瓷器的故事》等8本图书繁体版权。2015年，科学出版社东京株式会社引进《王羲之王献之书法全集》、《故宫藏画的故事》、《瓷器的故事》版权，出版了相应的日文版图书。这些版权输出，对故宫文化和品牌的传播起到了积极作用，提升了故宫博物院的国际影响力。

4.推广模式的创新

通过积极推进“博物馆文化产业论坛”，交流文创产品研发思路，拓宽社会合作领域。在第一届“情系故宫・御园雅集”论坛上，单霁翔院长以“故宫博物院的文化守望与追求”为题致辞，介绍了故宫博物院对传播故宫文化与传承传统文化事业做出的不懈努力，希望通过弘扬传播故宫文化艺术，唤醒传统文化独特光彩魅力，引领传统文化出版事业发展。在第二届“情系故宫·御园雅集”文化论坛上，单霁翔院长以“故宫现代化运营模式探讨”为题致辞，介绍了故宫博物院响应中央号召，对传播故宫文化与发展文创产业做出的不懈努力。

故宫博物院还积极参加国际、国内展会和文创产品评比，在荣获多项殊荣的同时，在全社会、全世界广泛推介故宫文创产品及其蕴含的故宫文化。故宫博物院先后参加了第九届和第十届中国（义乌）文化产品交易会、第三届和第四届苏州文化创意设计产业交易博览会、2014年博物馆及相关产品与技术博览会、第六届和第八届海峡两岸（厦门）文化产品博览交易会、第九届杭州文化创意产业博览会、2015年和2016年香港国际授权展等展会，故宫文创产品在这些展会上屡次斩获重要奖项。更重要的是，故宫博物院借助这些平台，与社会各领域单位展开了广泛的交流互动，积极传递了期待故宫文创产品走向世界的良好意愿。通过积累丰富的参展经验，使故宫博物院以更加开阔的视野理解和看待国际性授权工作，为参加2016年5月在美国拉斯维加斯举办的国际授权展提供了很好的借鉴。

中国国家博物馆

中国国家博物馆的前身是1912年7月9日成立的“国立历史博物馆筹备处”。2003年2月28日，经党中央和国务院批准，中国国家博物馆在原中国革命博物馆和原中国历史博物馆的基础上组建成立，隶属于中华人民共和国文化部。

中国国家博物馆成立后，确定了建馆方向和目标：即建设一个“与我们这样一个大国地位相称，与中华民族悠久历史和灿烂的文明相称，与蓬勃发展的社会主义现代化事业相称，与广大人民群众日益增长的文化需求相称”的“国内领先、国际一流”的国家博物馆。为符合这个建馆方向和达到目标，制定了“人才立馆、藏品立馆、学术立馆、服务立馆”的办馆方针。把国家博物馆的职能和任务确定为：以历史与艺术并重，集收藏、展览、研究、考古、公共教育、文化交流于一体的综合性国家博物馆。基本职能为文物和艺术品收藏、陈列展览、公共教育、历史和艺术研究、对外文化交流。

中国国家博物馆是中华文化的祠堂和祖庙，是“中国梦”的发源地，是国家

中国国家博物馆
NATIONAL MUSEUM OF CHINA

的文化客厅。把优秀历史文化、革命文化和当代中国先进文化保护好、传承好、展示好，赓续民族血脉、弘扬民族精神，是中国国家博物馆的光荣使命。这里记载着中华民族五千年文明足迹，展示着我们伟大祖国的历史文化艺术和社会发展的光辉成就，是中华儿女传承历史、开拓未来的精神家园。同时，这里也是中华文明与世界文明对话的重要窗口，是展示整个人类文明的宏伟殿堂。

中国国家博物馆将始终坚持走中国特色社会主义文化发展道路，进一步丰富馆藏内容、提升科研水平、改进展陈方式、创新体制机制、优化服务质量、扩展对外交流，全面建设“世界一流”大博物馆，更好地发挥展示中华文明的重要窗口作用，培育民族精神的重要基地作用，引领文博事业科学发展的重要示范作用。

中国国家博物馆馆藏文物总量为130万余件，包括古代藏品、近现代藏品和古籍善本、老照片等。古代藏品包括传世文物、考古发掘品、民族文物等，近现代藏品包括近代藏品、现代藏品、当代藏品、艺术类藏品等门类。

中国国家博物馆有“古代中国”、“复兴之路”两个基本陈列，以及“中国古代青铜器艺术”、“中国古代佛造像艺术”、“中国古代玉器艺术”、“中国古代钱币艺术”、“中国古代瓷器艺术”、“中国古代经典绘画艺术”、“馆藏现代经典美术作品”、“馆藏非洲雕刻艺术”、“友好往来，历史见证——党和国家领导人外交活动受赠礼品展”和“明清家具艺术展”等专题陈列。还有若干临时展览。近年来，中国国家博物馆加大与世界各国博物馆的文化交流与合作，与德国柏林国家博物馆、美国纽约大都会艺术博物馆、英国大英博物馆、法国卢浮宫博物馆、新西兰国家博物馆等世界大馆合作，举办了20余个国际交流展。

一、代表文创产品

近年来，国博（北京）文化产业发展中心充分利用国博丰富的馆藏资源，将现代文创设计理念注入传统文物的历史内涵中，针对不同消费人群，设计开发出一批接地气、有特色、艺术性与实用性并存的文化衍生产品，受到广大公众的喜爱。

（一）马头鹿角金步摇书签

马头鹿角金步摇书签灵感来源于中国国家博物馆馆藏文物北朝马头鹿角金步摇。这件步摇基座为马头形，马头上分出呈鹿角形的枝杈，每根枝杈梢头卷成小环，上悬一片金叶，马头和鹿角形枝杈上镶嵌珠饰，是中国古代北方游牧民族典型的装饰品。这支马头鹿角金步摇不仅是草原人发髻上盛开的金色花朵，代表着人们对美的向往和追求，更是一种尊贵与荣耀的象征。

这款书签是为了纪念国博百年馆庆开发设计的产品。它在尊重原文物造型的基础上，加强实用性设计，开发成书签，让阅读摇曳生姿。既可以插页式使用，也可以采用夹页式，方便阅读。产品由金属片制成，身形轻薄，宜于使用，做工精良，经久耐用。与纸质书签相比，更富有质感，方便保存。它采用

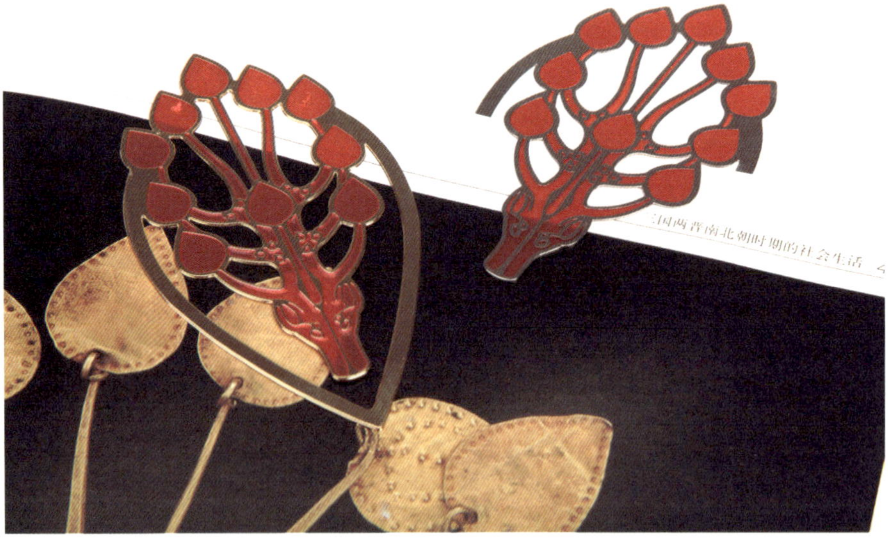

镂空工艺，凸显文物造型，更具中国风韵。在颜色上，对原文物色彩进行了大胆的变化，开发出金色、镍色、黑色、红色4款产品，其中金色款上刻有“中国国家博物馆”字样。此款书签售价在35—40元，其精美的造型和亮丽的色彩受到了众多消费者的喜爱，在线上线下的销售中都获得了良好的业绩。

（二）乾隆御题如意 U 盘

乾隆御题如意 U 盘原型来源于中国国家博物馆馆藏文物清代乾隆御题如意。这件玉如意由整块上等白玉精心雕琢而成，造型规制严谨，端首呈如意云状，表面浅浮雕两条从水中跃起的鲇鱼，端顶立雕一只蝙蝠，长柄正面高浮雕水仙和灵芝纹，背面刻有一首乾隆皇帝在1788年新春御题诗。

此款 U 盘采用了乾隆御题如意的造型，选用锌合金材质，表面抛光，有金、银两色。头部选用了如意头的如意云状，有“回头即如意”之吉祥寓意；海水鱼纹谐音“年年有余”；顶端飞来的蝙蝠寓意福从天降。U 盘正面浮雕花饰，储存芯片置于底部。背面印有中国国家博物馆馆标 LOGO 和“国博衍艺”品牌名称。手柄由上至下略微变宽，从而消除头重脚轻的感觉，实现产品外形的平衡感。产品大小为8厘米，正适合握于手中。以铁盒包装，单支售价198元。如意是我国所特有的传统工艺品，寓意吉祥、祥和；U 盘是现代生活不可

缺少的电子用品。此款产品将中国传统文化与现代生活完美结合，赋古韵以新生，艺术性与实用性并存，传递出美好的祝福。

（三）海晏河清丝巾

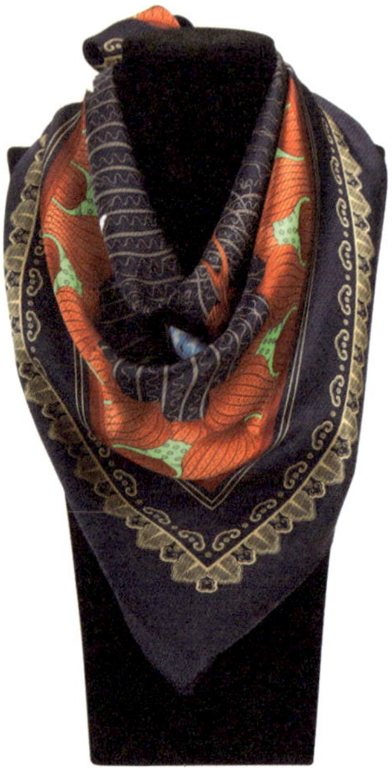

海晏河清丝巾设计元素为中国国家博物馆馆藏文物清代乾隆时期的霁青金彩海晏河清尊。此器是景德镇御窑为圆明园海晏堂烧制的陈设品。金彩纹线，粉彩描花，霁蓝为身，白燕作耳。寓意“海晏河清，四海升平”。此尊造型典雅、色彩丰富、工艺复杂，充分体现了我国古代高超的制瓷工艺达到了前所未有的高度，是官窑瓷器中的精品。

此款丝巾以海晏河清尊的图案为原型，选用霁蓝色为底，高贵典雅。金色的蕉叶纹、红色的仰莲纹环绕四周，中间彩色的海燕飞舞，为这款丝巾增添了活力。整条丝巾色彩典雅、设计美观、做工精致，送人自用两相宜，彰显了高雅的文化品位和生活情致。丝巾采用100％桑蚕丝质地，质感细腻顺滑，手感轻柔舒适，将女人柔美的一面展现得淋漓尽致，并具有真丝制品护肤保健功效。包装采用印有国博馆标的包装盒一个，内附文创产品介绍卡片一张，包装精致，售价268元，深受女性消费者的喜爱。

（四）红山玉龙杯盘组

红山玉龙杯盘组的设计元素来自中国国家博物馆馆藏文物新石器时代红山文化玉龙。这件玉龙是中国已发现的时代较早的龙的形象之一，由墨绿色的岫岩玉雕琢而成，长吻修目，鬣鬃飞扬，躯体弯曲若钩，造型生动，雕琢精美，具有相当高的艺术价值，有“中华第一龙”的美誉。

此款杯盘组瓷器由杯、匙、盘三件组成套系，以红色为主色调，着绿色斑点的碧玉龙点缀其间，或设计成杯把，昂首眺望于杯间；或盘踞在匙把、盘

沿，相互呼应。朴拙的碧玉龙与造型简洁器物相结合，经典红与碧玉绿相辉映，展现天地合一的傲然正气，极具艺术观赏价值。玉龙在新石器红山文化中，代表兴云雨、利万物的祥瑞神灵，寓含神圣的力量，承载中华民族“龙的传人”的血脉与灵魂。陶瓷红山玉龙以立体浮雕诠释古物风华，将古典之美注入现代家居生活中。

（五）杏林春燕冰箱贴

杏林春燕冰箱贴的设计元素为中国国家博物馆馆藏文物清雍正粉彩杏林春燕纹瓶。瓷器瓶身上以粉彩工艺绘制“杏林春燕图”，翠竹迎风摇曳，杏枝疏影横斜，杏花娇艳绽放，双燕顾盼呢喃，构成了一幅大地回春、生机盎然的画面。画法清丽隽雅，敷彩新嫩，画意生动，意境闲适，是雍正年间官窑精品。

此款冰箱贴以杏林春燕纹瓶器型为原型，采用金属材质，质感良好，经久耐用。正面采用部分文物图案，设计了绿色、紫色两款背景颜色，图案雅致，色彩清新；背面上部印有“中国国家博物馆”印章，下部背附强力磁铁，

可吸附在冰箱表面，也可在办公区做磁贴。这款产品选用的“杏林春燕图”既象征着科举顺利、及第有望，又传递着大地回春、喜庆吉祥之意，还有着爱情美满、比翼双飞的祝福寓意。

这款产品寓意美好、画面传神，极易引起大众审美的共鸣，特别受女性观众的喜爱，售价28元。此外，国博还设计开发了“杏林春燕”系列产品，如手机壳、铅笔盒、钥匙扣、吊饰等产品，都广受好评。

（六）国博学生尺

国博学生尺一共三款，分别选用中国国家博物馆馆藏文物东汉击鼓说唱陶俑、清乾隆青花八吉祥纹扁壶、商代四羊铜尊为元素开发而成。这三件文物都是公众耳熟能详的珍贵文物，尤其是四羊铜尊作为“国之重宝”，更是备受瞩目。本产品选取这三件文物进行衍生，将文物形象平面化，并将其中个别元素提炼出来设计成绘图模具，让使用者参与进来，在展现文物的同时又增加了趣味性和互动性。

这三款学生尺均采用镂空工艺，纹理精细。击鼓说唱俑学生尺顶端为镂空诙谐传神的击鼓说唱俑，尺身镂空的鼓、棒组合与其相呼应；青花八吉祥纹扁壶学生尺顶端为镂空寓意吉祥的青花八吉祥纹扁壶，尺身为镂空佛家八宝，

图案精美；四羊方尊学生尺顶端为镂空四羊方尊，尺身采用镂空的四羊方尊轮廓图和羊头图，寓意美好，妙趣横生。产品采用金属材质，做工精良，双面刻度，厘米、英寸自由变换，方便实用，既能当直尺，也能做书签，用途多样，使用便捷。售价为28元，深受学生群体的喜爱。

（七）顺舟茶盘

顺舟茶盘灵感来源于中国国家博物馆馆藏文物东汉陶船。设计师将船身上的船篷、船舱与茶道六君子、茶杯、公道杯、茶叶、茶点等的收纳盒进行结合，通过多次实验，设计出集传统茶盘、茶具储存、茶叶储存、茶点储存于一身的“顺舟茶盘”。

世面上所见的茶盘要么过大、过重，要么功能单一，此款茶盘设计紧凑小巧，充分利用了陶船的内部空间，功能齐全，外形精巧。通过巧妙的导流槽设计将水导流至船后舱，由导流管导出。它还发挥文物的重要特点，即此陶船是迄今为止世界上发现最早的一只有舵的船，利用船舵的造型设计了一款特色茶匙，一端可做茶匙，一端可做茶针。各个细节充分体现出这款文创产品的特点。产品选用竹制工艺。竹子是可再生资源，材质环保，经过加工后性能稳定，不易变形，不易开裂，非常轻便。整套产品集实用性与设计性于一身，构思灵巧，富有文化内涵。

（八）灵龙香台

灵龙香台以中国国家博物馆馆藏文物新石器时代红山文化的代表作品——“中华第一龙”玉龙为元素开发而成。龙在中国传统文化中有着重要的地位，是中华民族的象征，代表着权势、尊贵；香文化在中国亦有着几千年的历史，深受文人雅士的推崇和喜爱。在这组香文化作品中，将龙文化与香文化结合在一起，设计出两款灵龙香台。

其设计灵感来源于刘禹锡的著名诗句“山不在高，有仙则名。水不在深，有龙则灵”。作品选择了“红山玉龙”形象作为主要造型，利用玉龙简洁的造型，分别设计了长、圆两种形式的香台。圆形香台为内置燃香器，燃香时，香烟从龙口中冉冉升腾，简洁而优雅；长形香台为外置燃香器，香衔于龙口中，香在燃烧时香灰自然撒落在波浪形的平台上，浪峰不积灰，香灰留于浪谷，由此象征着人生的起起伏伏。此款产品造型雅致，蕴含中国传统文化，让人在喧嚣的尘世间，静静品味一缕遗世独立的沉静。

（九）陆羽茶具

陆羽茶具设计源于中国国家博物馆馆藏文物中一套五代十国白瓷茶具，以及同时出土的白瓷瓷像，据考证，此瓷像应为“茶圣”陆羽像，手中所展的书卷是《茶经》。茶具有煮茶用的风炉和茶鍑、研碾茶末的茶臼、点茶用的茶瓶以及盛茶渣的渣斗。《茶经》中记载的煎茶法所用的风炉和茶鍑以及点茶法所用的汤瓶同在其中，是中唐时期两种饮茶法处于交替革新的见证。

设计师遵照文物样式重新制作，将颇具唐风的茶道重新复活，并增添了茶叶罐、茶荷、茶杯等茶具，组成了一套适合现代饮茶的白瓷茶具。白瓷茶具具有坯质致密透明，因色泽透明洁白，能反映出茶汤色泽，传热、保温性能适中，造型各异，堪称饮茶器皿中之珍品。

（十）徐渭花卉书签

徐渭花卉书签是以中国国家博物馆馆藏文物古代绘画精品徐渭册页为元素开发而成。徐渭的写意水墨花鸟画，运用勾、点、泼、皴等多种笔墨形态，将牡丹之雍容、竹子之萧疏、霜菊之孤傲的神韵刻画得入木三分。多用泼墨，融劲健的书法笔意于画中，书法与绘画相得益彰，气势跌宕，纵横奔放，呈现出中国绘画中最为强烈的抽象表现风格。

此款书签将其绘画以木质书签的载体展现出来，既可观赏绘画，也可标记阅读。正面分别雕刻牡丹、兰花、菊石、春竹，并配以图中诗文。背面雕刻中国国家博物馆馆标和“国博衍艺”，配以绳坠。牡丹书签采用紫光檀，兰花书签采用金丝楠，菊石书签采用尼泊尔紫檀，春竹书签采用酸枝。不同的木质与雅致的图案相得益彰。书签采用套装形式，配以精美的锦盒包装，售价198元。也可单支购买，采用筒装，价位在30—35元。这套产品为中式风格，简约大气，带着浓浓的书卷气息，美得含蓄隽永。

二、文创产品开发经验

（一）文创产品开发概括

中国国家博物馆积极响应国家号召，在切实保护好珍贵馆藏文物的基础上，授权馆属独资企业国博（北京）综合服务部挖掘藏品内涵，与文化创意相结合，自主设计开发具有国博特色的文化衍生产品，以其为载体，让文物“活起来”、“飞入寻常百姓家”，发挥馆藏文物资源的教育和传播功能。

国博（北京）综合服务部成立于1992年，自中国国家博物馆新馆开放以来，服务部在国家文化产业相关政策的大力支持下，始终以“服务大众、服务社会”为宗旨，以“打造文创精品，传播国博文化”为己任，树立“国博衍艺”品牌形象，积极构建特色文化衍生品的开发体系，大力发展博物馆文化产业，取得了显著成果。

近年来，服务部制定了明确的发展方向，依托中国国家博物馆丰富的馆

藏文物资源，加强自主创新能力，深挖历史文化内涵，开发出品类繁多、层次多样的文化创意产品3000多种。涵盖了贵金属、玉石、书画、陶瓷、铜器、服装纺织、手工艺、印刷、邮品、办公文具、首饰手表、电子类、琉璃、漆器、紫砂、家居、玩具、小纪念品等多种门类。价位从几元到几千元、几万元不等，可满足人们生活、工作各方面多层次的需要，在全国博物馆文化产品开发工作中起到了引领示范作用。实现年经济收益近2000万元。与此同时，服务部还通过相关知识产权的授权业务收取监制费2000余万元。

服务部顺应时代潮流，在巩固扩大纪念品商店、学生专柜、特展专柜等十余个经营网点传统经营的基础上，开拓了线上销售与推广平台。2015年10月18日中国国家博物馆旗舰店入驻阿里巴巴天猫平台，以此让国博文创产品走出博物馆，飞进百姓家，走向全世界；让中国的传统文化以此为载体，得到更好的传播。

近年来，由于市场反馈良好、消费者满意度高，企业依据国博馆藏资源自主研发的文创产品不仅多次在外事活动中被选为国礼，而且还代表中国国家博物馆在中共中央台办、文化部、国家文物局等组织主办的文化产业博览会等活动中屡获大奖，取得了良好的社会效益。主要获得了以下奖项："2011年度博物馆免费开放最佳文化产品推广"最佳做法奖，2012"海峡两岸文博创意产业精品展"综合评比一等奖及两项最佳创意产品奖，2012"第七届中国北京国际文化创意产业博览会"最佳展示奖和"文博创意产业促进奖"两项大奖，第九届、第十届中国（义乌）文化产品交易会"最佳参展企业/单位奖"。

（二）亮点做法

自新馆开馆以来，中国国家博物馆文化产业开发经营工作持续发展，取得了良好的社会效益和经济效益，并形成了一套具有国博特色的文创产品开发经营做法。主要体现在以下几个方面。

1.经营理念

（1）自主经营

国博文化产业坚持创立自己的特色和发挥馆藏文物的优势，坚持自主经营的原则。柜台和经营区域不对外承包，完全自主经营。这种做法一是便于国博对企业经营活动的全面掌控，实现在经营活动过程中传播中国传统文化和艺术的公益目标；二是可以规避经营区域外租可能带来的一些腐败风险。五年的运营实践证明这一原则是正确的。

（2）选择性经营

国博所属企业经营活动的宗旨在于通过经营活动传播中国传统文化和艺术。企业开发的产品立足于馆藏文物，其目的是向社会公众传播文化，扩大展览的影响，延伸博物馆的功能。因此国博所属企业的经营活动是有所为有所不为的，坚持选择性经营的理念，坚持把社会效益放在首位，这与社会上一般企业在价值定位上有很大不同。

2.管理理念

（1）决策管控

企业重大决策事项必须上报中国国家博物馆文化产业管理委员会，根据管委会相关规定履行审批程序。国博成立了经营与开发部这一处级机构，作为企业日常经营的专门管理部门，统一管理六家馆属企业，履行重大事项上报审批程序，避免企业决策失误。

（2）财务管控

企业所有财务人员实行委派制，均由国博资产财务处派出、考核、轮岗管理，人事关系、工资福利待遇均不在企业。他们实时监控企业财务状况上报财务主管部门，避免企业运行中发生财务管理失误。

（3）人员管控

所有企业法人、总经理均由在编正式员工担任，确保企业所有经营活动符合国博对于企业经营活动的各项管理规定。

（4）运营管控

经营与开发部各职能科室主要负责对所有企业进行公章使用、合同签署、采购验货、库存出入、柜台销售各个环节的监督管理。

（5）资源支持

国博对所属企业实施严格监管的同时，也高度重视和支持企业的发展。特别是在馆藏资源、无形资产、知识产权、经营空间方面给予馆属企业以力所能及的支持。

（6）专家支持

国博专家团队在严格把关文创产品开发方面做了大量的工作，从文物选择、文字描述、器形纹饰含义、材质功能等方面给予专业支持，使国博的文创产业发展带有鲜明的专业特点。

（7）法律支持

企业所有合同一律范本化，合同范本的制定由馆长办公室法规科严格把关，特殊合同还要邀请馆外律师与企业共同研讨完善，杜绝由于合同不严谨造成的不必要损失。

3.开发理念

（1）“把国宝文明带回家”的理念。在文创产品设计过程中，坚持文创产品是可移动博物馆的理念，立足馆藏文物基础，深入挖掘藏品的文化内涵、器形造型、纹饰图案、文字说明等元素，使文创产品成为博物馆展览功能和教育功能的延伸。

（2）“在使用中了解国宝”的理念。即开发文化衍生产品时既要注重其艺术性，又要赋予产品实用功能。让消费者在使用中不断强化对国宝所承载的文化的了解。

（3）“无形资产价值转化”理念。即通过联合开发、授权开发、监制开发实现无形资产价值转化。一方面动员社会力量开发文创产品以解决自主开发人手不足、专业性不强的问题；另一方面在占有市场、扩大宣传方面可以实现双赢。

（4）“适应市场还要引导消费”的理念。即在充分调研市场需求的基础上，开发生产观众需求较大的商品以适应市场。同时，还要自主创新开发令观众耳目一新的文创产品，引导观众消费，在消费中增长中国传统文化和艺术的知识。

4.经营模式

（1）以馆属全资企业为经营主体，有偿使用馆内资源与授权。合理利用新馆经营空间，突出与当前展览的互动性。

（2）四种用工机制并存。正式在编人员兼职管理岗位，国博派遣制员工用于重要业务岗位，企业派遣制员工及企业招聘人员用于一般服务岗位。目前参与经营工作的员工总数313人，其中正式在编职工94人；国博派遣制员工131人；企业派遣制员工83人；企业招聘人员5人。

（3）企业日常管理试行法人负责制。即各企业法人依据国家相关法律法规、国博相关管理办法负责企业日常经营与管理责任，企业总经理负责具体执行。

（4）各企业召开周例会、月度经营分析会。经营与开发部召开季度经营分析会、半年工作会及全年总结大会。

（5）各科室监督与服务并重。主要监督企业采购、验货、出入库手续、销售账款结算、服务态度、运营管理的规范性。服务并支持企业培训、年检、招工、专业咨询等工作。但不参与、不干预企业具体运营。

（6）探索国博电子商务上线销售。2015年1月，国博（北京）综合服务部成立电子商务部，联手阿里巴巴建立国博文化衍生产品线上销售和推广平台，此项目旨在将博物馆文化创意产品与互联网联合打造文化消费与传播的大平台，也是博物馆文化创意产品未来经营与传播的新增长点。中国国家博物馆天猫旗舰店于2015年10月18日上线试运行，于2016年1月18日正式上线运营。

5.品牌建设

中国国家博物馆创立了“国博衍艺”品牌，涵盖所有国家博物馆文化衍生品，并已完成注册，切实保障国家博物馆文化衍生产品的知识产权。今后，中国国家博物馆将着力打造“国博衍艺”、“国博典藏”等品牌，重点扶持“国博茶道”、“国博香道”、“国博文房”系列特色文创产品设计。

中国国家图书馆

（国家典籍博物馆）

中国国家图书馆是国家总书库、国家书目中心、国家古籍保护中心、国家典籍博物馆，履行国内外图书文献收藏和保护的职责，指导协调全国文献保护工作。国家典籍博物馆作为国家图书馆的一种新型的阅览方式，是典籍文物的收藏中心、展览展示中心、典籍文化的交流中心。

国家典籍博物馆是依托于国家图书馆宏富馆藏，以展示中国典籍、弘扬中华文化为宗旨的国家级博物馆，是国家图书馆社会教育职能的新拓展。国家典籍博物馆是集典籍收藏、展示、研究、保护、公共教育、文化传承、文化休

闲于一体的综合性博物馆，是中华典籍文物的收藏中心、典籍文化的展示中心、典籍文化的研究中心、世界典籍文化的交流中心、文化教育基地和公众文化休闲中心，未来可实现博物馆、图书馆服务的全面聚合，希望将它建设成为重要的青少年教育基地和传统文化传播基地。国家典籍博物馆于2012年7月由中央机构编制委员会办公室批准正式挂牌成立，并于2014年9月正式对外免费开放，是国内首家典籍博物馆，也是世界同类博物馆中面积较大、藏品较丰富、代表性展品较多的博物馆。国家典籍博物馆位于国家图书馆总馆南区，建筑总面积11549平方米，共设10个展厅，为公众提供了广阔的参观空间、良好的休闲场所和上佳的博物馆体验。

国家图书馆作为国家总书库，馆藏宏富，集精撷萃，藏书可上溯到700多年前的南宋皇家缉熙殿藏书，最早的典藏可以远溯到3000多年前的殷墟甲骨。截至2013年年底，国家图书馆馆藏文献总量已达3200多万册（件），其中备受世界瞩目的馆藏敦煌遗书、四库全书、赵城金藏、永乐大典、甲骨文、善本古籍、金石拓片、古代舆图、少数民族文字典籍、名家手稿等珍品达290多万册（件）。国家典籍博物馆依托于国家图书馆丰富的馆藏，从诞生起就具有了典籍收藏得天独厚的优势。

一、代表文创产品

（一）“庆赏升平”系列形象

国家图书馆馆藏《庆赏升平》是清代宫廷戏曲演出机构昇平署的彩绘戏曲人物图谱，图谱中人物神态刻画极为精细，戏衣刺绣考究，绘制精工，当为进献清宫帝后御赏之物。

设计师将公主、状元、孙悟空等人物图谱原画通过创意设计变形为可爱的卡通形象，并衍生设计出一系列的生活用品。

“庆赏升平”公交一卡通的创意巧妙，特色鲜明，成功地将国家图书馆的纪念性和市政交通卡的实用性完美结合；钥匙扣人物造型生动可爱，寓意喜庆，结合传统中国元素，极具纪念意义和收藏价值；笔筒采用优质原木，设计精巧，筒身一侧刻有《庆赏升平》简介，另一侧是可旋转出现的“庆赏升平”里著名的戏曲人物图谱，且此款笔筒底部内有玄机，打开后内部藏有一方空白的印章和印泥。此款产品将笔筒和篆刻相结合，精美而又实用；书签人物周围设有金色镂空装饰图案，典雅而又别致。

（二）“三山五园”丝巾

“三山五园”丝巾为国家典籍博物馆设计研发的高端文创产品，目标客户为国家典籍博物馆来馆观众以及对博物馆文创、中国古代园林、清代历史文化、八旗制度等欣赏、收藏、研究者，致力于实现馆藏文献衍生价值，适应文化创意产业潮流趋势。

“三山五园”丝巾的创意设计取材于国家图书馆藏《三山五园外三营地理全图》，原图为纸本彩绘，图高96 厘米，宽169 厘米，为清光绪二十三年（1897）常卯绘制。采用中国古代地图传统的形象画法，将清代康、雍、乾、嘉四朝经过百余年营建的五园（畅春园、圆明园、颐和园、静明园、静宜园）和三山（万寿山、玉泉山、香山）著名园林及其护卫外三营（健锐营、精捷营、火器营）建筑绘于图上。图上西下东。1860年10月五园遭英法联军劫掠焚烧。此图将焚烧前的著名园林以及周围秀丽的山水、寺观、林木、村舍、道路、桥梁等融绘于同一平面，保存了大量现已不存的人文景观概貌，是一幅地理信息十分宏富的清代北京西北郊皇家园林全图。

“三山五园”丝巾以此图为设计元素，采用柔软真丝，样式灵感来源于清代八旗中上三旗之一镶黄旗。丝巾以黄色为主色调，辅以粗细两条红边，黄红色的搭配凸显了皇家气派。丝巾包装简约大方，特选用国家图书馆标志性蓝色为主色调，以国家图书馆历史上曾用名印章作为装饰元素，切合国家图书馆馆藏资源开发目标。

（三）芥子园“梅兰竹松”充电宝

国家典籍博物馆芥子园“梅兰竹松”充电宝精心选取了国家图书馆馆藏《芥子园画谱》中的“梅、兰、竹、松”四个经典图案作为装饰元素，为了满足不同消费者需求，共设计制作了两种容量：6000 mAh 以及 10000 mAh。自推出以来，反响热烈，销售情况良好。

（四）拓印盒

我国古人有将文字刻在较为坚硬的载体上的习惯，他们认为这样可以让文字千年不朽、万年不腐，比如大家熟知的甲骨文、金石铭文等。可是，这些质地坚硬的书写载体也敌不过岁月的侵蚀，一些字迹渐渐模糊。那么后代的人为了清晰地了解这些文字的具体内容，开始利用拓印技术传拓这些文字，于是产生了拓片。作为我国一项古老的传统技艺，很多人不太了解这些拓片是如何制作出来的，而此款拓印盒可以使购买者亲身体验拓印的乐趣。

拓印盒采用老挝花酸枝、紫光檀、柚木等优质原材料，使用者可以用宣纸和墨汁将模板上的文字或图案清晰地拷贝出来。模板共选取唐代著名诗人杜

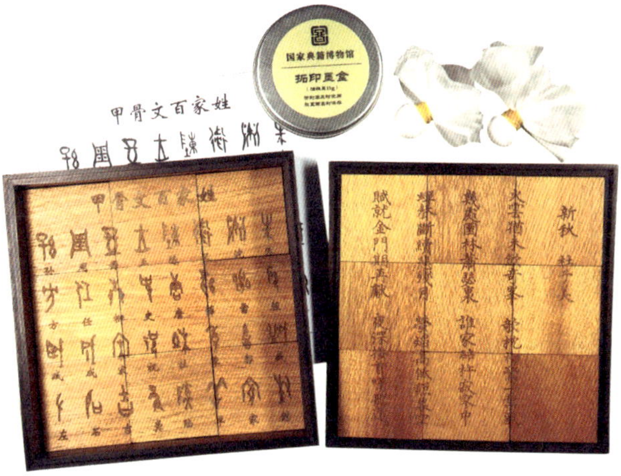

甫的《新秋》和《百家姓》两种，配以拓印墨盒、拓印包、拓印宣纸，能够充分满足喜爱拓片和动手能力强的消费者亲手体验拓印的愿望。

（五）《芥子园画传》定制法蓝瓷

有感于瓷器作为中华民族细致精巧的文明结晶，然而近百年来国际陶瓷产业却仅由欧美品牌独领风骚，陈立恒先生于2001年创立了法蓝瓷（FRANZ）品牌。法蓝瓷生产基地位于千年瓷都——江西景德镇。独创中西法蓝瓷合并的设计风格，广受世界各地人们的喜爱。此款法蓝瓷是根据国家图

书馆藏《芥子园画传》中的花圃特别定制的，使得原本印刷在纸上的平面图画得以立体呈现，既具有艺术观赏性和文化创意的双重价值，也让古籍里的图画“活”了起来。

二、文创产品开发经验

（一）文创产品开发概况

自2014年9月开馆以来，国家典籍博物馆文创产品也随之走进公众视线。一年多来，国家典籍博物馆高度重视文创衍生品作为博物馆“最后一个展厅”的作用，牢牢把握“传承文明、服务社会”的宗旨，充分依托国家图书馆宏富的馆藏和展览资源，设计、开发了一系列符合当代审美文化，实用性、创新性、趣味性十足的文化创意产品，通过文化创意产品传播国图文化、典籍文化，乃至中华优秀传统文化，满足公众多层次的文化需求，让观众在参观之余将图书馆、博物馆、典籍文化带回家，提升国家图书馆（国家典籍博物馆）在社会各阶层乃至世界范围的影响力和感染力，让中华传统经典文化深入人心，增强国家图书馆在弘扬社会主义核心价值观方面的作用。

国家典籍博物馆文创展销现有三个区域，分别位于馆区四层中厅，二层北侧及一层北侧，总面积达700余平方米。产品既包括国家图书馆藏珍品复仿品、与展览相呼应的各类展品仿品及纪念品，也包括蕴含典籍博物馆文化特征在内的文化创意产品等。一层文创艺术品中心除上述商品的展销外，涵盖国学培训、休闲区及茶室等。

在文创开发方面，国家典籍博物馆在坚持自主开发的同时，积极引进法蓝瓷、图文天地等有实力的公司参与产品的开发，并开始了授权开发的尝试。自2014年9月至2015年11月底，国家典籍博物馆共设计开发自有设计产品近100种，引进与典籍博物馆相关文创产品260余种，实现销售额400余万元。

典籍博物馆的文创产品主要分为六大类：办公用品、复仿品、服饰、邮品、生活用品和礼品书。办公用品包括一系列根据典籍博物馆展品所设计的笔记本、文件袋、签字笔以及便签等，既有实用性，又有纪念意义。如果想拥

有一件带有博物馆元素的办公用品，笔记本不失为一个好选择。例如梅、兰、竹、菊系列笔记本和便签引用了馆藏《十竹斋》中的梅、兰、竹、菊四幅图，设计精美，典雅别致，为日常工作带来一丝情趣。

服饰类文创产品比较有特色的有女士丝巾和男士领带，产品将古典与时尚结合。男士领带以馆藏甲骨文四方风为灵感，在银灰色和深蓝色的绸缎面料上绘制出神秘的甲骨文图案，突出佩戴者的高雅品位，是目前热销的产品之一。以古代舆图为底板，借用舆图丰富的色彩和文化元素设计的舆图领带和舆图丝巾也十分时尚别致。

生活用品中，“庆赏升平”公交一卡通是一款把馆藏元素与便捷生活相结合的成功例子。公交卡采用环保材料制作而成，小巧别致，俏皮可爱的“庆赏升平”状元、公主和孙悟空卡通形象跃然而上，配套的包装盒上印有相应人物的介绍，兼具收藏价值和实用性，受到众多消费者的喜爱。

复仿品和礼品书多为馆藏古籍精品和名家碑帖的复制品。国家图书馆藏品众多，即使亲临展览现场，读者也只能隔着厚重的玻璃展柜远远观赏。通过精美的印刷和影印技术，复仿品高度还原了藏品的原貌，为研究古籍及古代文化提供了珍贵的资料，读者也可以拿在手上细细研读。

由于典籍博物馆新开馆不久，文创产品的开发尚处于起步阶段，系列富有典籍特色的文创产品还在设计、研发当中，基于国家图书馆馆藏典籍文献的文创产品整体设计开发方案也在加紧制定中。今后国家典籍博物馆将在进一步展示馆藏特色文献的同时，深刻挖掘典籍元素，设计出更多集趣味性、文化性、知识性、实用性于一体的文创产品，让观众在参观博物馆后以文创产品的形式把“典籍文化”带回家。

（二）亮点做法——传统与创新，打造典籍文化新形态

国家典籍博物馆文创产品的开发不是对馆藏经典文献的简单复制高仿，而是依靠设计者对典籍文献以及其所处历史背景的深刻了解，加上自身的创造力和想象力，借助现代科技手段与艺术设计而实现的提炼和升级。

1.依托馆藏，开发高知识性产品

与常规的文化创意产业相比，博物馆文化创意直接来源于博物馆所掌握的独特文化资源，主要是具有历史、艺术、科学价值的博物馆藏品。鉴于国家图书馆（国家典籍博物馆）深厚的文化底蕴和强大的典籍文化支撑，其文化创意产品创意灵感主要来源于国家图书馆精品藏书及各种不同形式的纸质文献。目前，在已开发产品中，产品展示中提到的“庆赏升平”、《芥子园画传》定制法蓝瓷俨然成为国家典籍博物馆文创系列产品开发的典型案例。

文化创意产业处于技术创新和研发等产业价值的高端环节，是一种高附加值的产业。通过创意赋予产品更多的文化内涵和观念价值，进而提高商品的附加值。国家图书馆藏有众多珍贵善本、舆图等文献，多为珍品或孤本。为加大馆藏文献展示力度，满足社会不同阶层的文化需求，发挥经典文献传承文明的价值，国家典籍博物馆用现代化的数字与复制技术，开发了司马光《资治通鉴》残稿、《金刚经》、《食物本草》、《五台山圣境图》等一系列善本、舆图高复仿品，使得历经兵燹留下的珍本、孤本得以化身千百，传之久远。这些产品一经推出，获得了众多观众的青睐。

2.以馆内实体中心为基础，推进线下销售

国家典籍博物馆现设3个文创艺术品销售专区，分别在典籍博物馆一层、二层、四层。一层为面积最大的主要营销区，主营复仿品、礼品书、瓷器、文房等产品，并配有休闲区；二层位于国家典籍博物馆三展厅入口处，主营生活类、邮品类及临时性展览相关产品；四层位于国家典籍博物馆七展厅入口处，

主营办公用品、礼品书、生活类、邮品类及临时性展览相关产品。

这些实体经营中心的设置能够满足不同层次、不同喜好、不同需求的来馆观众，使他们体会国家典籍博物馆深厚的文化氛围，能够增强观众对展览的认同感和互动体验，及时将观展的兴趣点转移到文创产品当中；能够集产品展示、销售、文化教育为一体，传递国家典籍博物馆文化内涵，分享悦读生活。

3.创新宣传模式，拓展线上销售平台

国家典籍博物馆加大文创产品设计开发力度，在原有三个馆内销售区域的基础上，努力依托展览，通过线上、线下销售平台相结合的方式拓展销售渠道，拓宽经营思路。在调研各博物馆文创网站宣传模式后，利用现有国家图书馆、国家典籍博物馆网络宣传平台等资源推广文创衍生品，提高观众对产品的关注度，在浏览展览信息之余，了解典博文创礼品、喜爱典博文创设计。

积极探索文创衍生品宣传新模式，拓展新思路，想出新办法，着力打造典博文创形象。迎合当下线上营销模式潮流，推出“国家典籍博物馆”微信公众服务平台，在平台上定期推介文创衍生品及其设计理念，希望能够使典博文化创意产品走进更多公众的视野。

借助第三方线上平台，开拓合作展销模式，目前已与多家线上平台进行合作，实现线上线下有序互动，努力让典博文创衍生品“走出去”、行更远。目前正在开发的网络店铺、微信等新的传播形式，将为国家典籍博物馆及文化产品研发事业的持续发展提供坚实的基础。

4.积极参与文创产品展会、比赛

为实现让典博文创“走出去”的目标，国家典籍博物馆积极参与各类文创产品展会、比赛，意在宣传和推广典籍文化，推动典博文创产业发展。2015年5月参加第10届中国（义乌）文化产品交易会，宣传并展示国家典籍博物馆文创礼品。2015年8月国家典籍博物馆设计团队参加2015第十二届“北京礼物”旅游商品大赛。其中旅游与景区形象主题“三山五园”丝巾获海淀区级优秀奖、北京市级优秀奖，包装设计主题“庆赏升平”系列形象获海淀区级一等奖、北京市级优秀奖，包装设计主题“典博士”形象获海淀区级三等奖，并获得了北京市旅游委员会的资金扶持。这些展会和比赛的参与极大地扩大了国家典籍博物馆文创产品的社会影响。

中国美术馆

中国美术馆是以收藏、研究、展示中国近现代至当代艺术家作品为重点的国家造型艺术博物馆，1958年开始兴建，1963年由毛泽东主席题写“中国美术馆”馆额并正式开放，是新中国成立以后的国家文化标志性建筑。中国美术馆现收藏各类美术作品10万余件，以19世纪末至今中国艺术名家和各时期代表作品为主，构成中国现代以来的美术发展序列，兼有部分古代书画和外国艺术作品，同时也包括丰富的民间美术作品。建馆以来，中国美术馆已举办数千场具有影响力的各类美术展览，反映了中国美术繁荣发展的态势，也成为中国与国际艺术交流的重要平台，每年观众达百万余人次。

中国美术馆藏品以新中国成立前后的作品为主，兼有明末、清代和民国初期艺术家的重要作品。

中国美术馆

NATIONAL ART MUSEUM OF CHINA

藏品多为近现代美术精品，中国当代著名美术家的代表作品和重大美术展览获奖作品，以及丰富多彩的民间美术作品。藏品中有任伯年 、吴昌硕、黄宾虹、齐白石、徐悲鸿、刘海粟、蒋兆和、司徒乔、李可染、吴作人、叶浅予、董希文、罗工柳、吴冠中等艺术大家的作品；在外国美术作品收藏方面，1996年德国收藏家路德维希夫妇捐赠的89件 / 组共计117幅作品增强了中国美术馆这方面的实力，其中包括4幅毕加索的油画。

一、代表文创产品

（一）阿芝和他的朋友——齐白石的昆虫记系列艺术衍生品

中国美术馆藏大量齐白石作品，其中工笔虫草作品最为精彩，共100余件，齐白石笔下的小虫栩栩如生，形神俱备，趣味盎然，其对昆虫的观察和研究完全可作为一部中国传统艺术的《昆虫记》。在他的眼里，具有生灵的草虫是没有是非、丑恶，有的是生活的情趣。齐白石在战争期间的作品经常题款“草间偷活”、“阿芝”，以寄言年少在湘潭老家的农村生活。他在草虫中寻找共鸣，以之自喻。正因为对战乱的感伤，齐白石对和平宁静的生活充满向往。在他的笔下，所有的草虫都充满生机与活力，不忧郁、不悲哀、不柔弱颓靡，健康、乐观、自足，它们或跳跃，或爬行，或飞翔，或搏击，或欢鸣……每一

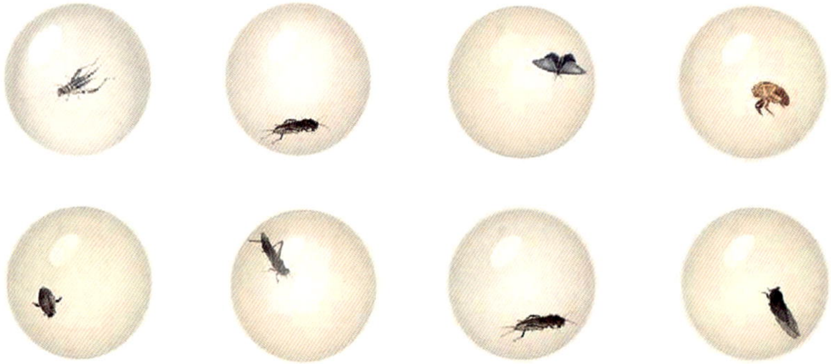

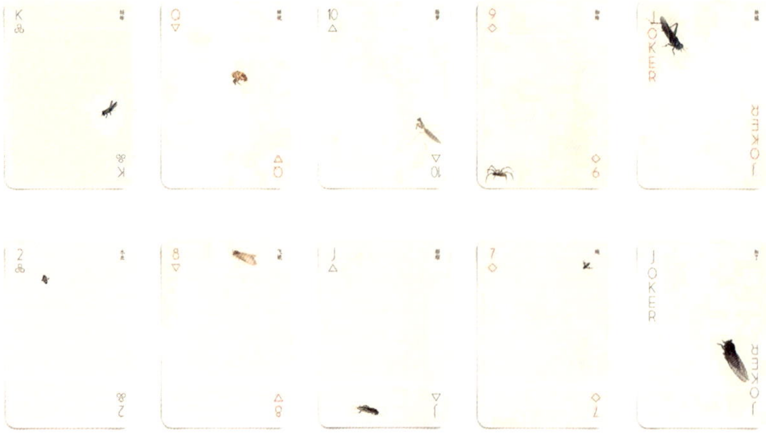

个都是新鲜的生命。中国人的思维方式喜爱在物件上寄托自己的思想和情感。而西方在物质的观念上，更多的是象征喜好，更喜欢征服、死亡、勇敢等这样的符号。所以他们的美学以死亡与超越死亡作为主题。而东方人的美学是对物象的寄托，是一种生命的寄托、吉祥的寄托，和人的愿望相一致，所以中国人在昆虫身上寄托了一种生生不息的愿望。基于作品对现代人生活状态的积极意义，我们取阿芝和他的朋友——齐白石的昆虫记，设计制作一系列的艺术衍生品，如扑克牌、冰箱贴、文房用品、速写本等。这些文创产品同样寄寓了生活的趣味，每件作品后都有链接至该作品的官网二维码，并印有系列LOGO，同时部分产品采用限量发售的形式，以刺激消费。该系列产品价格低廉，制作精良，风格典雅，提倡都市慢节奏的生活状态，迎合年轻人的中式小资情怀，是面向普通观众的高性价比的随手礼。

（二）毕加索与三个步兵系列

中国美术馆藏有路德维希夫妇捐赠作品100余件，其中有3件步兵题材的典型立体主义风格作品，是中国美术馆乃至中国百姓对其辨识度极强的艺术作

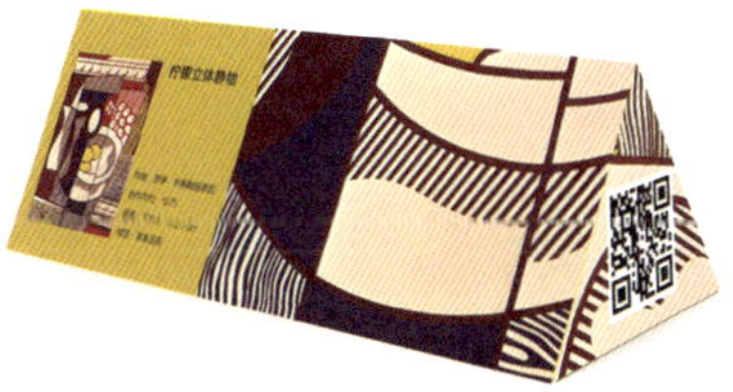

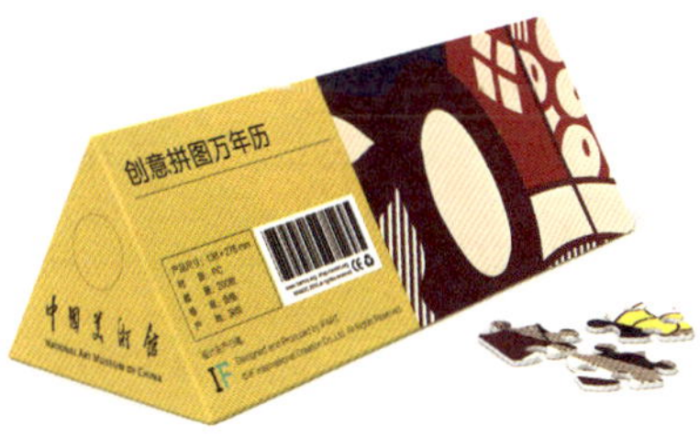

品，这3件作品均为毕加索老年所作，其观念与形式还在不断创新，就像他本人所说的，创造新的艺术形式是一个艺术家天经地义的首要任务，那对于我们每个人的启示也是如此，唯有不断地创新才是我们与众不同从而进步的根本，我们以此开发设计了系列产品，包括手机壳、餐厅用品等艺术衍生品，作品本身就有抽象的酷元素，我们在设计产品形式时，也遵循酷的风格，使更多的年轻人能够喜欢，所有商品包装都有系列LOGO、作品二维码链接，部分产品还为限量版。

（三）拉网——雨伞

本款雨伞图案以漆画作品《拉网》为创意来源设计而成。原作再现了妇女在河边拉网捕鱼的工作场景，妇女的动作整齐划一，鱼则在网中围绕圆心旋转，具有强烈的仪式性构图，形象图案性强烈。根据原作的构图，本文创产品对作品进行删改变形，将人在岸上，鱼在水中巧妙设计成为人在雨水下，鱼在雨水上的趣味。伞骨和伞布均采用高档材质制作，同时附有作品二维码链接。

（四）中国美术馆50周年廊花项链

本款产品为中国美术馆建馆50周年限量版白金、黄金项坠。中国美术馆建筑中有许多传统元素，回廊中有百余件镂空雕廊作品，多以牡丹、喜鹊、梅

花为题材。其中展厅内所有铜门浮雕皆为牡丹镂空雕刻，图案精美。此文创产品是对这些图案进行再设计制作而成的项坠。整件项坠工艺精湛，背面印制微雕中国美术馆LOGO，每款限量100件，深受观众的喜爱。

（五）"如山·如湖"景泰蓝杯托

"如山·如湖"杯托是"看见民生"2015年推出的当代景泰蓝设计新品，是中国美术馆与之合作的重要品牌，"如山"杯托以景泰蓝掐丝工艺勾勒出远山近景的淡渺与浓烈，营造独特的时空流转之感。其造型圆润端正，触感细腻清冷，釉料清透润泽，留白处的无穷意蕴传递出世事流转中的如如之境。"如湖"杯托突破景泰蓝浓墨重彩之着色陈规，借久经岁月磨砺、自然雕琢的太湖石，展现东方美学中清远、典雅、朴拙之美。其釉料清透，造型流畅，触感于细腻中掺杂轻微的颗粒感。中国传统工艺很多是可以实施，可以生产的。清代美学流传至今，景泰蓝的纹饰一直就是花鸟鱼虫等一些很具象的形象，比较花哨。但是从现在审美来看可能有些过时。所以这款产品把山和湖很简洁很抽象地勾勒出来，既保留了景泰蓝工艺的特征，又解决了原来景泰蓝在美学上暂且称为落伍的或者艳俗的问题，真正使传统图饰、传统工艺与现代设计、产品形式完美结合。让传统手工艺得以持续发展，一些传统的手工艺、老字号，传统

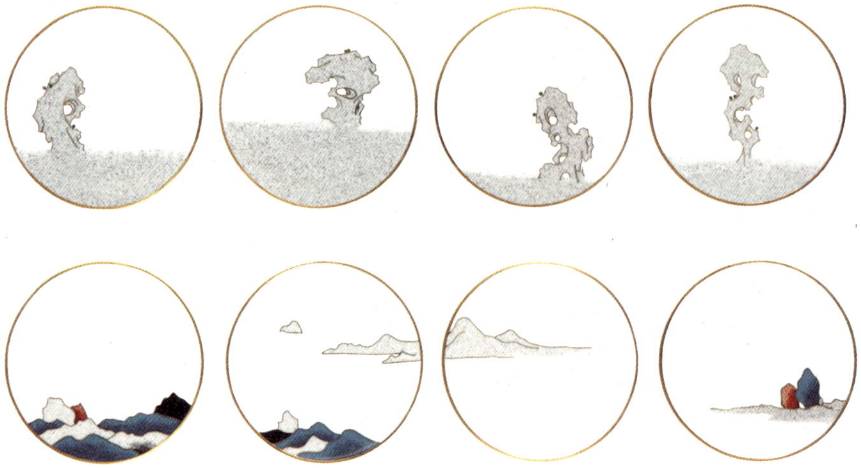

的品牌，都希望在未来能够由此转化成功。把这些濒于失传的技艺，重新融入到当代的环境中来，这是“看见民生”、中国美术馆与设计师、艺术家、设计品牌的合作基础。

（六）世纪之风——中国美术馆藏四大家作品高端复制

中国美术馆藏齐白石、任伯年、吴昌硕、黄宾虹四大家系列作品众多，也是美术馆近现代藏品的重要组成部分。中国美术馆借“世纪之风”专题展览推出四大家系列文创产品。馆藏四大家折扇及卷轴复制品是由馆藏四大家精选作品，用高端木材、竹材、纸张运用传统工艺制作的复制品，包装设计时尚却不乏古意。该产品制作工艺复杂，材料考究，成本较高，均按版次出品，是非常受欢迎的高端交流礼品。

二、文创产品开发经验

（一）文创产品开发概况

中国美术馆1979年建立艺术商店，依托于下属企业对公共艺术服务空间的经营管理，近40年间根据国家政策、社会经济环境几经变革、精心布局，旨在探讨当下美术馆公共服务空间拓展的观念及发展趋势，推动处在瓶颈发展期的艺术品产业发展，提升文化创意产品的创新设计和制造工艺水平；为艺术品的展示、合作、交流、版权交易提供平台；更加积极主动地发挥文化创意和设计服务对相关服务发展的支持作用；中国美术馆提出“让美延续”的口号，对公众推行一种更有品位的生活观，推动大众艺术传播，打造属于自己的艺术衍生品品牌；为艺术家、设计师和市场之间打造平台，让“不食人间烟火”的艺术品走入大众的视野，让百姓能在中国艺术最高殿堂挑选属于自己的艺术衍生品，让美融于生活，生活拥抱美。同时在对文化产业发展要求不断提高的前提下，真正使公众能够“把美术馆带回家”，无形中完成艺术对社会“成教化，助人伦”的美育作用。

现艺术商店、艺术书店、咖啡店等经营业务由中国美术馆发展处2名员工负责监督管理，经中国美术馆下属企业北京中文美艺术交流中心开展各项业务工作，现中国美术馆并无自己的文创设计团队，所有设计工作由外包合作完成，随着美术馆文创业务工作的推进，迫切需要专业设计团队来开发经营文创事业。目前中国美术馆内设1个艺术商店，面积约100平方米，官方网上艺术商店1家，兼职工作人员4人，每年营业额约500万元。在建的观众综合服务区，集合艺术商店、艺术书店、咖啡店、设计馆、沙龙等活动场所等，于2016年开业，面积约600平方米，展厅内将不再设经营空间。同时网上艺术商店、艺术商店App、艺术商店微店一体化平台也于2016年启动改版。

（二）亮点做法

1.研究中国美术馆消费群体，精准定位文化创意产品特色

中国美术馆定位不同于故宫博物院、国家博物馆、恭王府等博物馆，由于藏品不同、地理位置不同、观众群体不同、社会效应不同等，如中国美术馆定位于收藏近现代美术作品，展览也以现当代美术展览为主，学术严肃性较强，这使得观众多为专业观众而鲜有旅游观众，这些因素直接导致最终观众对中国美术馆文创产品的消费需求和行为模式不同。中国美术馆专门为研究观众需求偏好设计问卷调查，考察并分析国外类似定位美术馆的产品分类和设计风格，通过专业剖析中国美术馆目前文化创意产品目标消费群体、文化创意产品开发分类、价格定位、热销品类以及调整方案，在迎合观众消费喜好的同时也引导观众的审美消费趋势，有针对性地开发文化创意产品。

2.依托馆藏作品与展览资源，推进文化创意产品研发

（1）推出藏品系列创意产品，抓住重要展览开发机遇

中国美术馆馆藏作品丰富，其中有大量具有文化创意产品开发潜力的作品，如馆藏四大家精品系列、邓拓捐赠古代书画系列、路德维希捐赠国际作品、当代大家精品、馆藏民间艺术品等。中国美术馆根据作品题材，推出六大品类的系列文化创意产品共500余种，产品涉及生活中的各类商品，如家装家饰、服装服饰、创意办公、数码产品以及各种复制文化创意产品。同时根据流动销售数据分析及市场反应，及时调整文化创意产品种类和设计。在对藏品研究分类后，精选出适合文化创意产品设计制作的作品，并对其进行学术研究，以趣味性和故事性为设计内涵，生产融实用性、艺术性、创新性、教育性于一体的文创产品。

中国美术馆每年举办国内国际展览100余个，其中许多重大展览、国际交流展、重要艺术家个展委托设计开发文化创意产品并于展览期间推出，美

术馆在取得艺术家作品的授权之后，委托设计师或设计品牌合作开发，近几年具有代表性的开发项目有："中国现代美术之路：与时代同行——中国美术馆建馆50周年藏品大展"、"大器'玩'成——中国美术馆藏民间玩具精品展"、"匈牙利当代艺术展"、"立体主义时代——西班牙电信艺术珍藏展"、"影中戏——中国美术馆藏皮影艺术珍品展"、"盛世和光——敦煌艺术大展"、"从提香到戈雅——普拉多博物馆藏艺术珍品展"、"美国艺术三百年"等，定位专业观众，开发各类文化创意产品700余种，其中敦煌艺术大展开发文化创意产品30余种，展期销售额400余万元，广受观众好评。其中国际交流展的文化创意产品促进了进出口交易，使国外的文化创意产品随展览走进中国，使中国美术馆的文化创意产品走向世界。

（2）推动创新设计，促进艺术家与设计师的跨界合作

中国美术馆作为国家艺术最高殿堂，不光拥有庞大的藏品和展览资源，还拥有大量的艺术家与设计师资源，在使艺术生活化的文化创意产品设计之路上，离不开创新。中国美术馆不仅限于提供简单的旅游纪念品，而且提供令消费者耳目一新、对其生活和审美产生推动作用的文创产品，这需要具有自身特色、定位清晰、避免同质化和简单化的设计。中国美术馆对国内外文化创意产品市场及设计品牌做大量专业研究，促成艺术家和设计师的合作品牌，把艺术家和设计师做明星化宣传，再把其附加值商品化，变成看得见、摸得着的产品，刺激大众购买欲。合作开发的艺术家、设计师、设计品牌有50余家，目前开发文创产品300余种，未来目标约为1000种。

（3）应用图像授权，借力品牌合作

中国美术馆的文化创意产品除自主设计开发外，还通过将图片授权给商业品牌和与商业品牌合作开发两种模式，中国美术馆出台了《中国美术馆艺术衍生品开发管理制度》、《中国美术馆文化产品开发与销售管理办法》、《中国美术馆艺术衍生品开发流程》等规章制度6部，由中国美术馆负责部门及下属企业具体执行，寻找优质生产商和合作品牌。目前这也是美术馆在开发资金紧缺状态下常见的合作方式，在合作过程中发现优良厂商进行品牌授权，即双方提供图像、设计、生产、销售、宣传绑定式合作，从而实现双赢的局面。中国美术馆在近三年的文化创意产品开发过程中，越来越倾向于以授权合作开发的模

式，目前进行授权合作的商业品牌10家左右，开发文创产品100余种。

（4）建立中国美术馆文化创意产品品牌

中国美术馆已将LOGO标志注册商标，但在文化创意产品发展规划上仍将重心放在提高产品品质和丰富产品线上。通过上述方法不断完善美术馆文化创意产品开发的体系和标准，是建立中国美术馆文化创意产品品牌的基础内容。近年来，中国美术馆在艺术商店的经营中开始强调商标的应用，使消费者形成统一的品牌意识。注意消费者人群调查和艺术公共服务空间销售情况调查以把握和调整市场的定位和需求。同时，中国美术馆也将中国美术馆品牌的设计和资源推向社会和市场，不拘泥于馆内的文化创意产品设计开发，还承揽其他美术馆、设计品牌的开发工作。

3.提升商业空间服务质量，扩大展览宣传效应

（1）借助专业展会扩大宣传

中国美术馆在2012年"首届中国国际美术馆艺术衍生产品博览会"以及近10个国内各类文化交易博览会上，集中展示了中国美术馆在文化创意产品开发上的成果。根据文化创意产品主题系列的不同，划分为近现代名家、民间美术、路德维希夫妇捐赠作品等文化创意产品、精品特展文化创意产品、国际交流展文化创意产品、艺术授权复制品以及艺术家授权限量文化创意产品几大板块。根据藏品与展览的定位，文化创意产品开发也展现出不同的风貌，既有传统作品附加于文房用具之上，也有创意设计前卫的限量雕塑等，以满足不同展览消费群体的品位需求。中国美术馆每年进行藏品常规开发、展览纪念品开发十余项，随展览"走出去"的文化创意产品已行销到澳大利亚、日本、意大利、匈牙利等国的国家美术馆或博物馆商店，受到了广泛好评。同时一部分文化创意产品也作为驻外文化交流中心的礼品，使中国艺术以商品的形式走向世界，对传播中国文化和艺术起到了一定的宣传作用。

（2）公共服务的商业空间改造

中国美术馆的建筑设计之初，并没有预留专门的商业空间，美术馆在有限的面积中积极调整，改造600平方米的公共服务商业空间，进行配套服务设施改造，扩大现有空间使用面积，改善空间环境的品位和质量，划分不同区域进行多项功能服务。新的空间由专业设计团队设计，符合和提升中国美术馆公

共服务空间气质。新空间将包括艺术商店、艺术书店、咖啡店以及艺术沙龙、公共教育等活动空间。新的空间将搬移出主场馆，在闭馆后仍能对外营业，这使得街面人流能在17:00以后继续在商业空间消费，打破了博物馆开馆时间的限制，不断提升中国美术馆公共服务的质量，拓展新的服务特色，实现文化事业和文化产业更好地发展，并从多个方面配合美术馆的服务功能，为大众提供更好的公共服务质量；让艺术走入并服务大众生活，促进“大众商品的艺术化”，更加贴近消费者的人文需求和文化精神要求，迎合当代人群的生活态度，满足消费者自我情感的表达；使空间承担“文化传承和美学教化”的良好社会功能，通过艺术品展示折射出的艺术品自身的美学观念和人文精神，使得艺术能够走进千万家，推动文化传承，为社会大众带来“消费得起的艺术品”；通过对原生艺术品的二次开发和利用，不断挖掘和开发新的文化创意。

4.打造线下互动体验，建立线上宣传销售的新模式

电子商务、在线业务快速增长给文化创意产品的宣传与销售带来更多便利和无限可能，文化创意产品通过网络新媒体如 App、webshop、微博等影响公众，网络销售与宣传成为新的渠道。国际众多艺术博物馆都设有网上艺术商店，中国美术馆专门研究编撰了《世界美术馆博物馆网上商店网站及其概览》指导线上平台建设。近年来“互联网 +”、O2O 等新模式的提出，更使得文化创意产品不仅仅只是博物馆的专利，而要真正走进大众的生活。

中国美术馆十分重视经营模式拓展，2008年即建立并运营中国美术馆网上艺术商店，设立于中国美术馆官方网站下。经过两次改版，其系统和平台技术较为领先，广受观众和消费者好评。目前，中国美术馆正在筹备网上艺术商店的第三次改版，以及网上艺术商店 App 的搭建，实现中国美术馆文化创意产品进销存体系一体化。改版后的网上艺术商店技术平台将更加先进，网上商务运营将更加成熟，预设板块和产品种类也将更加丰富。

中国美术馆现已启动重要展览作品的二维码应用数据库，在今后中国美术馆馆藏品文化创意产品的开发上，二维码将运用于商品包装、介绍和宣传媒体上，这在无形中也提高了商品的文化价值。消费者可以方便地了解作品、艺术家以及展览的详细内容，美育于无形之间。真正实现销售线下体验互动，线上宣传销售的审美教育战略职能，迎合当下消费习惯以及提升大众的消费体验。

文化部恭王府博物馆

恭王府坐落于北京什刹海畔柳荫深处，古建园林风雅，人文历史荟萃。恭王府始建于清乾隆年间，几代皇亲贵族曾先后受封于此，见证了大清王朝由盛至衰的整个历史过程，故有“一座恭王府，半部清代史”之说。它既是大清王朝由盛到衰的缩影，也见证了近代中华民族那段苦难与屈辱的历史。1962年，周恩来总理视察恭王府时提出：“要将恭王府保护好，将来有条件时对社会开放。”改革开放后，经过几代人的努力，于2008年完成了府邸文物保护修缮工程，实现了全面开放，恢复了清同治光绪鼎盛时期面貌。恭王府于1982年被列入全国重点文物保护单位，2012年晋级国家5A级旅游景区，2016年被评为国家一级博物馆，2014年被列为国家非物质文化遗产展示基地。隶属

恭王府
Prince Kung's Mansion

于中华人民共和国文化部的文化部恭王府博物馆成立于2003年（前身为文化部恭王府管理处），其各项工作以保护好、管理好恭王府这座清代著名皇室宅院为基础，是集文物保护、旅游开放、博物馆业务建设、优秀传统文化展示和文化产业发展五大职能为一体的综合性公共文化机构。

全面开放之初，面对旧藏文物遗失殆尽，内部陈设装饰荡然无存的窘境，文化部恭王府博物馆明确了“历史遗址博物馆、综合文化展示发展空间、文化旅游产业全面发展的产业平台”的定位，确立了文物保护、旅游开放、博物馆建设、文化空间营造和文化产业五大职能。通过深入挖掘王府文化、《红楼梦》与恭王府的关系、和珅一生传奇经历、福文化等自身资源，打造出具有王府特色的历史、文化、旅游、民俗的“四张名片”。针对文物家底基础薄弱的情况，文化部恭王府博物馆把丰富馆藏作为业务建设的重点，通过专项资金征集、划拨、接受捐赠等方式逐步充实馆藏。近年来，馆藏数量和种类日益丰富，达到了10个类别数万件，藏品质量大幅提升，已初步形成集文物、古籍文献、当代艺术品、民俗精品等为主体的多种馆藏体系。

一、代表文创产品

福文化是恭王府的标志，恭王府素来拥有“万福之园”的美誉。作为“福文化”圣地，多年来以弘扬中华民族传统文化、传播和推广福文化为己任，以府内“康熙御笔福字碑”为元素自主开发的“天下第一福”品牌系列产品已成为行业内文创产品和打造品牌的经典案例。

（一）“乾道嘉——钱到家”

“乾道嘉——钱到家”是由乾隆、道光、嘉庆时期的古钱币精心编织而成，取意钱（乾隆）到（道光）家（嘉庆）、福到家，总计999枚，寓意恒久长远、九九归一。所用古钱币均为中国钱币协会鉴定过的真品钱币，具有高保真文物收藏价值和鉴赏价值。高102厘米，宽80厘米。

（二）皮制福轴

皮制福轴采用草原土生土长的上等黄牛皮，经过人工修整后进行手工描绘、着色、抛光、定型等一系列工艺，根据“天下第一福”的文字拓本1 ∶ 1比例制作而成，长108.5厘米，宽56.5厘米。色彩艳丽、质感强烈，高贵典雅。

（三）烫金挂轴

烫金挂轴由高密度丝绸装裱，将金箔经过高温后压在丝绸上，属高科技工艺品。挂轴长160厘米，宽80厘米。

（四）双面绣

双面绣以苏绣中最为精美的双面绣工艺绣以“天下第一福”，配以鸡翅木框。

（五）恭王府和珅 Q 版人物摆件玩偶

恭王府和珅 Q 版人物摆件玩偶共有 8 款不同造型，玩偶形象憨态可掬，萌劲十足，寓意美好。该玩偶是纯手工打造的冷瓷工艺品，手工彩绘，制作精美。

（六）恭王府屋脊八瑞摆件

恭王府屋脊八瑞摆件是以恭王府建筑屋脊上的瑞兽为蓝本制作的八瑞摆件，造型生动，栩栩如生，为纯手工打造的冷瓷立体雕塑，色彩纯正，不易掉色，可起到镇宅、辟邪等作用。

（七）“福”字系列挂坠

“福”字系列挂坠以恭王府“天下第一福”为主题，辅以牡丹、蝙蝠、祥云等传统的吉祥、富贵、美满元素，采用琉璃、桃木、玉等材质，制作的“一桶金”、“龙福齐天”、“富贵五福”等挂坠，经济适用，深受游客欢迎。

（八）漫画和珅

恭王府始建于清朝乾隆年间，初为大学士和珅的府邸。文化部恭王府博物馆通过深入挖掘和珅一生的传奇经历，出版了《漫画和珅 》图书，此书是漫画丛刊——恭王府动漫出版物系列中的一种，分上、中、下三册。

（九）蟠龙福盘

蟠龙福盘采用上等牛皮精工细作，以“天下第一福”为设计元素，盘底雕刻飞龙在天、祥云缭绕图案，色彩丰富，形象生动，尽显雍容尊贵、吉祥如意的王府文化特色。

二、文创产品开发经验

（一）文创产品开发概况

恭王府作为目前保存最为完整且唯一对社会开放的清代王府，经历了几百年的风雨沧桑，至今仍以极高的文物价值、历史价值、文化价值、审美价值及独有的经济价值向世人展示着历久弥新的魅力与活力。文化部恭王府博物馆经过深入思考并结合工作实际，确立了“以事业带动产业发展，以产业促进事业繁荣”的新时期工作思路，定位了文物保护、旅游开放、特色博物馆建设、文化空间营造、文化产业开发五大职能，充分挖掘出自身的历史、文化、旅游和民俗四大资源。

恭王府是众所周知的“福文化”圣地。府内藏有“康熙御笔福字碑”，花园内共有一万只蝙蝠（“蝠”与“福”字谐音）——园中建筑上共有九千九百九十九只蝙蝠，加上康熙御笔的“福”字碑，正好一万个“福”字，因此又称“万福园”。来北京的游客常说：“到故宫沾沾王气，到长城沾沾大气，到恭王府沾沾福气。”因此恭王府在特色产品开发方面，重视文化创意和设计工作，加大了对富含王府文化元素、“福文化”特质的文化产品开发。以市场为导向，以需求为出发点，契合中国老百姓最朴实、最真挚的生活期望——福。这些具有清代王府文化内涵和美好寓意的文创产品，深受中外游客的喜爱和认可。许多游客表示，购买恭王府的特色商品，不仅是把博物馆带回家，也是把爱和幸福带回家。

恭王府自主开发的“天下第一福”品牌系列产品取得了良好的经济效益和社会效益，已成为行业内文化、旅游产品营销和打造品牌的经典案例。恭王府文创产品销售收入接近总收入的50％，这在文博业中并不多见。好的文化产品不仅仅是单纯的商品，更是文化传播的使者。恭王府在文化产品开发和经营上，多年来以弘扬中华民族传统文化、传播和推广“福文化”为己任。文化产品经营产生的良好经济效益和社会效益促进了博物馆事业的发展，实现了恭王府“事业带动产业，以产业促进事业繁荣”的重要战略目标。

（二）亮点做法

1.理念：“四张名片”明确恭王府文创产品开发方向

恭王府于2008年全面开放，但修缮恢复的只是建筑原貌，原有的文物早已流失殆尽、陈设荡然无存，1000余间空房子百事待兴、百业待举。相对于故宫，恭王府没有600年的历史沉淀，没有汗牛充栋的珍宝文物，可用于开发利用的馆藏资源基本为零。与故宫、国博相比，恭王府既没有悠久的历史，也缺乏可用于开发利用的馆藏资源。面对先天不足的薄弱基础，恭王府首先从自身的定位入手，从历史资源中找依据，从文化资源中找思路，从旅游资源中找市场，从民俗资源中找亮点。

通过深入挖掘恭王府在历史、文化、旅游、民俗四方面所独有的特色资源。恭王府打出四张文化名片，即以恭亲王奕䜣所代表的清代王府文化为核心的历史牌，以《红楼梦》与恭王府关系为基础的文化牌，以和珅一生传奇经历为背景的旅游牌，以福文化为体现的民俗牌。这四张名片不仅构成了恭王府特色博物馆、旅游开放、文化空间和文化产业的基础，也为文创产品的开发和经营确定了发展方向。

2.实践：创意、模式、市场、管理多策并举

“创意是核心、模式是关键、市场是根本、管理是基础”是恭王府的核心经营理念。运用市场化的营销模式，强化管理，完善服务设施、增强服务意识，把销售变成服务，是把文化产品成功地推向市场的关键。恭王府依托合作开发、委托开发、商品设计大赛三种产品开发渠道，突出特色，打造精品。

（1）“福文化”是恭王府的最大特色

恭王府的“福”字是康熙为孝庄祈福时御笔所书真迹，可拆解为“多子、多才、多田、多寿、多福”五重寓意，俗称“长寿福”，史传孝庄接到这份福礼后即百病全消。所以说，恭王府的“福”字寓意美好，契合中国老百姓最朴实、最真挚的生活期望。正是围绕这个“福”，恭王府以市场为导向，以需求为出发点，综合运用历史和建筑园林全面阐述“福文化”。

当游客来到恭王府，通过“听、看、摸、请”，使恭王府的“福”成为文化和理想的寄托，从而促成了“体验式消费”。目前“福文化”创意产品是恭王府最畅销的商品，每年销售额达千万元。许多游客表示，购买恭王府的特色商品，不仅是把博物馆带回家，也是把爱和幸福带回家。

（2）举办商品设计大赛

两年一届的旅游纪念品设计大赛成为恭王府开发特色文化产品的重要途径之一。为了进一步增强文化产品的开发、设计和营销力度，使恭王府的文化产品实现专业化、品牌化、市场化、国际化的“四化”目标，恭王府已连续举办了两届以“福器 / 我设计”为主题的旅游商品设计大赛，采用与设计团队合作开发、委托设计开发等形式，促进设计、开发、生产、市场多方面结合，在现有产品的基础上不断创新，从而搭建起一个拥有长效机制的文化产品研发平台，发掘出更多优秀的旅游商品设计人才和机构，合作推出具有恭王府文化特色的、优秀的旅游商品。恭王府文化旅游纪念品设计大赛已成功地举办了两届，征集了上千个创意产品，仅奖金加起来就达80多万元，优良的激励机制为创新和创意的萌发提供了优渥的条件。获奖产品经过前期市场调研和摸底，

能获得市场认可并且能带来预期的稳定收益，才会投入市场销售。第一届大赛中涌现出来的明星获奖产品“牛皮福轴”、“乾道嘉”，投入市场以来销售额达到近千万元。

（3）成立文化创意办公室，进行文化产品、文化衍生品的专题研发

通过成立文化创意办公室，有效地对恭王府的历史文化进行挖掘和开发，将其已有的物质文化与潜在的非物质文化、LOGO形象融合起来，积极与外部进行合作，吸收社会资源，把握现有资源，保持恭王府特色，发挥自身优势，将恭王府故事、历史与文化作为文创产品的源泉，积极尝试围绕福文化、展览、“非遗”展示、文化活动等开发文创产品，在兼具市场效益与社会效益的基础上，实现教育性、娱乐性、实用性、文化性和收藏性的有机统一。

联合社会调研机构，共同开展恭王府旅游纪念产品课题研究，对旅游衍生品市场进行定期分析，开拓恭王府文化衍生品研发思路。在积极开发产品的同时，申报相关课题，取得社会效益和经济效益双赢。如“恭福笑传”百集系列动画及动漫衍生品项目，获2014年弘扬社会主义核心价值观动漫扶持计划入选作品。

（4）做好市场定位，满足不同需求

在经营工作中以市场需求为导向、做好市场定位，不断推出具有清代王府文化特色的制作精良、价格合理的文化创意产品，满足不同消费群体的多元化、个性化的需求。结合不同人群对文化产品的需求，对产品的开发进行定位，分高、中、低不同档次，根据顾客购买力设计出适合各类人群的相应文化产品。目前，恭王府的文化产品已发展到500多种，既有高档的福元素皮质挂轴——“牛皮福”、福字古钱币挂件——“乾道嘉”，也有经济实惠、方便携带的“福”字挂坠，时尚、实用的适合年轻游客的卡通摆件，青少年喜闻乐见的恭王府系列连环画等，使游客感到产品制作精良、价格合理、物有所值——“买得起，带得走，用得上”。

（5）市场化的销售模式和商业布局，实行末位淘汰制，突出优势产品

目前恭王府主要的纪念品商店共计5处，总面积约500平方米。商业网点根据文物保护、游览路线和客流量分析等因素进行科学规划布局，做到合理控制商业布局，与景点建筑风格、文化气息融合协调。

恭王府销售的文化旅游纪念品及文化衍生品种类繁多，包含书、工艺品、书轴、饰品、福字产品、衣服、纸质商品、扇子、绣品、古币等大类。但这个数字每年都在变化，例如：2013年销售的文化产品类别23种，种类670个；2014类别25种，种类700个；2105年类别25个，种类523个。其中奥妙就是以市场为导向采取末位淘汰制，突出优势产品。每年都对原有产品销售结构进行调整，对商品种类进行更新。通过定期对销售网点的业绩进行统计、分析和调研，淘汰滞销商品，同时对热销商品进行重新设计包装，达到促进销售的目的。

单从文创产品的种类而言，2015年不升反降。恭王府正逐步从“做多”到“做少”转变。文创产品开发不能只一味强调产品的数量和种类增长，不在于“多”，而在于“精”，关键要看所开发的文创产品是否与自身文化内涵紧密结合，是否符合广大观众及游客的需求和口味。市场是检验商品的唯一试金石。

（6）以市场为导向，把销售变成服务

做好景区客源市场分析，并准确市场营销定位，是恭王府经营工作顺利开展并取得成功的另一重要因素。按照游客的不同需求提供量身定制的服务。根据近年来散客人数增加的趋势，推出个性化服务。除常规的纪念品商店外，恭王府将蝠厅打造成高端文创产品集中展示地，对服务和产品有较高要求的游客可以在这里听曲品茗，购买到“牛皮福”、“乾道嘉”等高端文创产品，创造了良好的经济效益。

（7）加强文创产品的品牌营销，开辟电商平台营销新渠道

2015年1月，“恭王府旗舰店”正式在天猫网站上线，开售福字轴、“乾道嘉”、“牛皮福”等特色文创产品，三周时间销售近300万元。区别于其他文化机构以往所开设的淘宝网店，恭王府不做淘宝中的普通集市卖家，而是为消费者打造知识产权明晰的官方电子商务平台。

试水电商既是发挥核心文化资源优势，也是恭王府从体验式营销向互动式营销的创新。一方面电商平台方便消费者选购，另一方面官方电商平台有助于文化知识产权保护和文创产业发展。多渠道的营销模式弱化了产品的生命周期、客流波动等市场因素对文创产品销售量的影响，获得了良好的经济效益。

(8)多渠道进行品牌宣传、恭王府走向世界

长期以来，恭王府注重自身品牌宣传。“恭王府——北京最大的四合院”形象宣传片同时登陆美国纽约时代广场、美国旧金山国际机场、英国伦敦希思罗机场、法国巴黎戴高乐机场、德国法兰克福国际机场联播大屏。在全国1049个高铁、动车组的《美丽中国》栏目中播放恭王府形象宣传片。

积极参加展会、展览推介文创产品。通过参加国内外文博业展会，如中国(义乌)文化产品交易会、北京国际旅游博览会、深圳文博会、两岸创意产业合作论坛等，以此为切入点，推广恭王府和特色文化产品。借助国内外展览活动，展示相关文创产品，受到观众认可和喜爱。如2012年恭王府赴丹麦腓特烈堡国家历史博物馆展览时，腓特烈堡国家历史博物馆就专门开辟了柜台，展示和销售恭王府的福系列文创产品。

(9)加大商品注册，保护知识产权，形成了文化知识产权保护、开发和利用的局面

恭王府历来重视王府“福文化”的知识产权建设和保护，形成了一套完善的保护体系。通过对恭王府有形资产和无形资产进行注册，不断加大知识产权保护力度，现已获批注册“恭王”、“恭亲王”、“恭王府”、“福”、“康熙御笔之宝”、“天下第一福”等12种138类服务商标。涵盖了服装、饮料、烟酒、化妆品、艺术品、出版物、文房用品、演出、旅游等，涉及商品多达2000余种。“恭王府”商标获得北京市著名商标的认定。

商标等知识产权的利用，是产业可持续发展的重要资源，也是未来产业具有竞争力的保障。近年来，恭王府通过自行开发、对外合作、对外授权等多种渠道开发商标价值。通过对外合作，实现品牌增值。变资源优势为经营优势，最终成为创利优势。

3.成效：从零起步实现跨越式飞跃

产业经营是恭王府的一大优势特色，是事业发展的有力支撑，是事业活力的不竭源泉。恭王府全面开放以来，在努力提高业务建设和服务水平的同时，保持优势，大力提高产业经营能力，综合竞争力得到了显著加强。

从产品来说，福字轴、福字挂坠等多年来为游客所钟爱，福字轴的年销售量达10万余件，福字挂坠最多年销量近百万个。恭王府文化创意产品2013

年销售量为987000件，销售额4270万元；2014年销售1015000件，销售额达到4380万元。文创产品销售收入在每年经营收入中占有较大比例，使得恭王府成为北京众多景区中为数不多的打破门票经济的国家级景区。恭王府每年向国家缴纳税费上千万元，并解决了上百人的就业问题，极大带动北京什刹海地区的经济、社会发展。

恭王府的文创产品在业界也具有较高的知名度和认可度，并荣膺了各项荣誉："福"字皮轴和"福"字钱币挂件分别荣获2010年博物馆文化产品二、三等奖，在2012年博物馆及相关产品与技术博览会中获"最佳展示奖"、"博物馆与文化创意产业促进奖"；"恭王府"观光旅游荣获北京市著名商标；恭王府被评为第九届中国（义乌）文化产品交易会"最佳参展单位"；顶戴花翎、"福"钗（商品）分别入围第二届全国博物馆文化产品创意设计推介活动，获2014年博物馆及相关产品与技术博览会"弘博奖·博物馆宣传推介优秀奖"；恭王府福字系列旅游商品在第十二届"北京礼物"旅游商品大赛中荣获"优秀转化奖"。

在文创产品热潮涌现的今天，恭王府始终不贪数量之多，而是力求特色突出和质量之精。"创意是核心、模式是关键、市场是根本、管理是基础"将是恭王府长期坚持的经营理念，从而做到产品、渠道、传播、文化内涵一个都不能少。文化不是贴标签，更需要好的载体、好的创意去呈现和传播，恭王府将以弘扬中华传统文化为己任，突出特色、打造精品，为我国文化产业发展作出自己的贡献。

4.努力实现文化事业与文化产业的协调发展

恭王府始终把"以事业带动产业发展，以产业促进事业繁荣"的目标作为重要战略，全面发展博物馆产业，让文化创新成为公益事业发展的引擎，成为事业繁荣的推动力。恭王府的文化产品经营创造出的良好经济效益，很好地促进了博物馆事业和文化公益事业的发展，实现社会效益和经济效益的双赢。

中国国家京剧院

中国国家京剧院是中华人民共和国文化部直属的国家艺术院团，成立于1955年1月。剧院下设一团、二团、三团、舞台美术中心及梅兰芳大剧院、人民剧场（艺术发展中心）。自建院以来，剧院汇集了一大批杰出的表演艺术家和剧作家、导演、作曲家、舞台美术家等，组成了精英荟萃、实力雄厚的京剧艺术表演团体。其中著名表演艺术家李少春、袁世海、叶盛兰、杜近芳、李和曾、张云溪、张春华、李世济等，著名导演阿甲等，著名剧作家翁偶虹、范钧宏等，享誉海内外。

六十年来，剧院继承、创编、上演了500多部不同题材、体裁的优秀传

中国国家京剧院
CHINA NATIONAL PEKING OPERA COMPANY

统、新编历史剧和现代京剧，基本形成了善于继承、精于借鉴、勇于创新、精于塑造人物形象的艺术精神，以及思想内容丰富、艺术严谨、舞台清新、流派纷呈、阵容齐整的艺术风格。代表剧目有《野猪林》、《三打祝家庄》、《吕布与貂蝉》、《周仁献嫂》、《白蛇传》、《柳荫记》、《九江口》、《谢瑶环》、《三岔口》、《孙安动本》、《穆桂英挂帅》、《大闹天宫》、《满江红》、《杨门女将》、《红灯记》、《平原作战》、《红色娘子军》、《春草闯堂》、《蝶恋花》、《汉宫惊魂》、《瘦马御史》、《江姐》、《图兰朵公主》、《泸水彝山》、《文成公主》等，具有广泛影响，并赢得了观众的喜爱。

在多年艺术创作和国际、国内的演出评比中，剧院有50余个剧目、200余人次荣获各种奖项。中国国家京剧院还担负着重要的对外文化交流任务，不断派出艺术团到世界各地演出。为促进中外文化交流，增进中国人民同世界各国人民的友谊，作出了积极的贡献。

一、代表文创产品

（一）“五虎上将”玩偶及明信片

“五虎上将”卡通人物形象由中国国家京剧院原创设计师邹四维设计，人物造型源自传统京剧中对三国时期蜀国“五虎将”关羽、张飞、赵云、马超、黄忠的刻画。造型选取五个人物最具代表性的神态及身段工架，在保留京剧舞台造型特点的同时，以漫画夸张的手法加以表现。

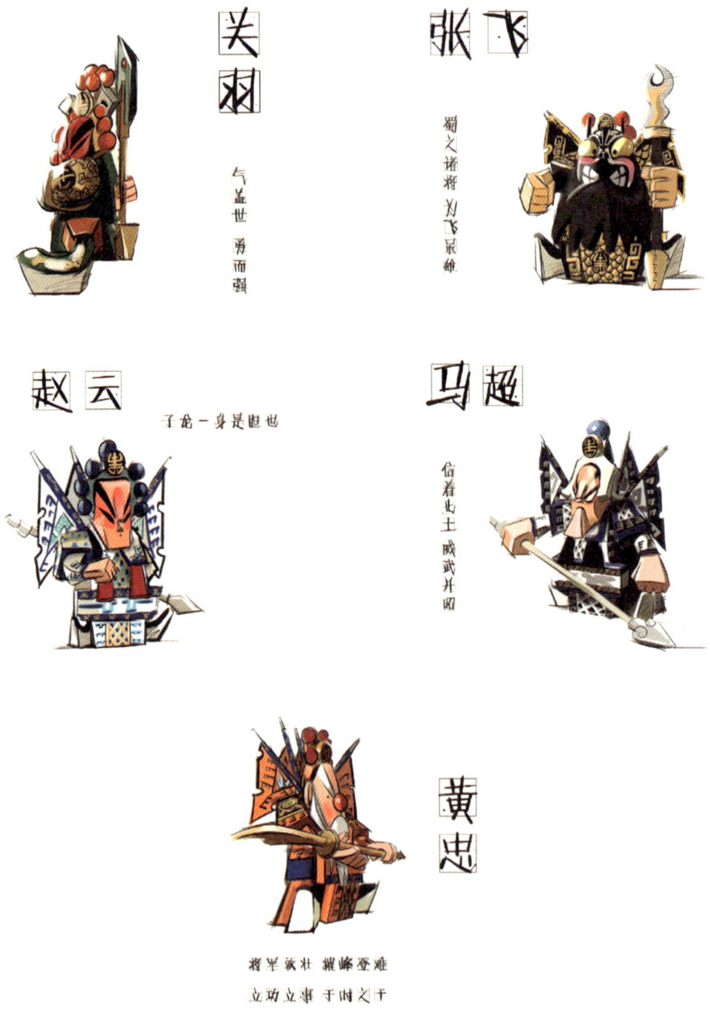

1.“五虎上将”玩偶

“五虎上将”卡通人物形象京剧风格鲜明，形象一经推出即获得京剧业内人士交口称赞，新颖独特的造型也极受青少年喜爱。礼品公司顺势推出以“五虎上将”为原型的PVC搪胶质地玩偶，玩偶高约20厘米，五款为一套。

“五虎上将”玩偶在设计、开模、制作的过程中，最大限度地保留了京剧造型、服饰、道具的细节特点，力求打造“正味儿”京剧文创精品。

2.“五虎上将”明信片

在自行设计、制作“五虎上将”系列产品的基础上，国京礼品公司也极为重视对其知识产权及对应复制权、发行权等相关权利的保护和开发。“五虎上将”形象现已在国家知识产权局进行登记注册，同时对社会全面开放出版、玩具、文具、服装、食品、生活用品等多领域授权合作。

中国邮政总公司现已与国京礼品公司共同合作开发了“五虎上将”明信片两套，每套5枚（含邮资），并于邮政系统内正式发行。

（二）“戏・服”系列T恤

从前我们看京剧服装上那些花纹满密、错彩镂金的刺绣，那些象征威仪与尊贵的龙蟒凤袍，总觉得离我们很远，仿佛那是一个永远让人仰望的梦，梦中的衣裳精美绝伦、华丽无比。然而让古老尊贵的礼服走下神坛，掀开华丽而神秘的面纱，让传统的京剧服装焕发新的光彩则是中国国家京剧院全新的追求。中国国家京剧院主张国人要有独特的民族特色之美，带有京剧味道的设计既不是符号化的东方复古，也不是西方式的性感张扬，而是将戏曲美学与当下时代精神融为一体的现代审美。

“戏・服”系列T恤由此应运而生。T恤共9款，采用80%棉+20%涤纶的面料进口胶制印刷，质量区别于一般旅游纪念衫，“戏・服”T恤面料久洗不变形，印花轻薄、不易褪色。在服装吊牌等细节上更是加入特具京剧特色的设计，使得产品文化附加值进一步提升。秉承着价格适中、质量为先的制作和销售原则，T 恤一经推出即受到市场广泛好评，无论是各个年龄层的戏迷、观众还是中外游客，常常一次性购买多件作为纪念和馈赠亲友的伴手礼。

1.“山河红日”&“直立五江水”

蟒水纹——把水与龙相联系，具有久远的历史，寓“倒海翻江”之意。水纹在明代用于蟒衣（赐服），施于下摆部位，略绣“卧水”，以示水气云的生成。清代，水纹提高为主要辅纹样，除“卧水”外，加饰面积很大的“立水”，且彩绣得光华灿烂，被赋予江山社稷的象征意义，用于帝后的常服袍（龙袍），并泛用于臣工的吉服袍（蟒袍）。水纹引入戏曲服装，常用于作为龙纹的辅衬，俗称“蟒水”，见于蟒衣、龙箭衣、龙马褂儿等，具有装饰美化意义。水纹中的一部分——“江芽”纹（浪花），还专用于靠的缘饰，象征武将具有“翻江倒海”的威武气概。

“山河红日”、“直立五江水”共四款 T 恤即取材于此，设计师将传统戏服元素提取并进行重新设计，图案、色彩清新明快。

2.“水墨团龙”&“IN团龙”&“海上升龙”

龙纹——采自明、清两代皇帝的绣龙常服袍（即“龙袍”）。从汉代起，龙的图形开始与皇帝相关联，开始了“真龙天子”时代。到唐朝，龙纹发展为华美精致的形态，历经宋、元、明、清四代，龙纹日趋富丽，并被皇帝所独占，成为皇权象征。明清皇帝的龙袍，服色专用明黄，龙为主纹样，呈严谨规整的圆形（团龙）。龙有四脚，脚有五爪。龙袍被引入戏衣，经历过复杂的演变过程，最终定制为：以艺术化的龙纹作为身份高贵的象征，即权力象征；由皇帝专用泛化为帝王将相通用。因此，戏曲服装广泛采用龙纹，用于十色蟒、黄帔、靠、龙箭衣、龙马褂儿、龙斗篷等主要戏衣。

设计师对戏服中的龙纹进行二次设计，在保留原有图样的基础上，加入潮流配色及街头涂鸦元素，使得T恤在继承传统元素的同时，更符合当代审美观。

（三）迷你乐器“不乐小器”

京剧伴奏中的管弦乐队称为文场。一般重唱工的文戏，以管弦乐伴奏为主，因此传统习惯称管弦乐为文场。文场包括的乐器主要有京胡（胡琴）、京二胡、月琴、弦子（小三弦）、笛、笙、唢呐、海笛子（即小喇叭）及云锣等。由于伴奏的腔调和演奏的曲牌类别的不同，这些乐器在配置上大致分为四组：（1）以京胡为主的弦乐器，包括京胡、京二胡、月琴、弦子。以伴奏二黄、西皮、四平调、南梆子、高拨子等腔调为主。皮黄戏中所用的胡琴曲牌，都由这组乐器演奏。（2）以笛子为主的管乐器，包括笛和笙。（3）一对唢呐。（4）海笛子和笛子。

中国国家京剧院选取制作乐器原木余料，等比缩小京剧文场中的弦乐组：京胡、京二胡、月琴、三弦，邀请专业制琴师完全手工制作而成此迷你乐器。

“不乐小器”的制作特邀“一竹韵”工作室青年制琴师黄鑫，他憨厚质朴的外表下拥有的不只是一颗作为制琴师的匠心，更肩负着作为传统艺术继承人的责任。对于“不乐小器”的创意设想，中国国家京剧院与黄鑫都希望这种价格亲民，便于携带、展示的浓缩乐器，可以走进更多家庭，引起更多人，尤其是孩子们对国粹京剧、对传统乐器的兴趣。

（四）京剧艺术丝巾

丝绸与京剧，前者自盛唐款步而来，后者自清末兴盛传承至今，两者皆是瑰丽多姿华夏艺术的代表。如今，国京礼品公司将国粹至宝联结、碰撞，彼此升华，让丝绸承载京剧之美，让京剧重焕丝绸之光。

与杭州禅心轩文化创意有限公司合作，国京礼品公司将耳熟能详的京剧人物形象巾帼英雄穆桂英与丝绸艺术相结合，制成尺寸分别为25厘米 × 25厘米及45厘米 × 45厘米的艺术丝巾，两种尺寸分别满足了对实用性要求高、对性价比要求高的两种顾客不同的需求。国京礼品公司采用著名版画艺术家陆放先生的作品，进一步提升了丝巾的艺术性及文化附加值。

梅兰芳先生不仅是京剧艺术大师，他与中国的绘画亦有极深的渊源，他的舞台服装常常参照古代的绘画制作，古代人物画也是他戏剧造型的重要参照，梅先生还与齐白石、丰子恺、吴湖帆、叶浅予等书画大师交情深厚，亦师亦友，并合作创作了不少书画妙品。他的书画作品中，以人物、花鸟居多，风格清丽秀雅、神形兼备。梅兰芳大剧院国京礼品有限公司还将联合梅兰芳纪念馆、杭州禅心轩文化创意有限公司，继续共同推出兰芳·艺术丝巾。届时，将有仕女图系列、梅花系列、兰花系列、山水石松系列以及梅先生唱功艺术表现形式系列等陆续面世，带给顾客独特的艺术享受。

穆桂英挂帅

二、文创产品开发经验

（一）文创产品开发概况

梅兰芳大剧院坐落在北京西城官园桥东南角的黄金地段，这是一座以中国京剧艺术大师梅兰芳先生名字命名，集传统与现代艺术完美结合的现代化表演场所。大剧院隶属于中国国家京剧院，具有演出、展览、会议、声像录制等多种功能。2014年年底，梅兰芳大剧院启动剧院商卖改造工作，收回自2008年起即外包的音像店，并对剧院商卖区域进行重新划分及全面改建，同时成立剧院商卖部，专事剧院商卖运营工作。2015年年初，商卖改造工作全面完工，剧院一层原音像店、衣帽间所占区域重新划分为礼品柜台、图书音像柜台及服装配饰柜台，整体占地面积约为50平方米，分布于剧院一层大厅东、西两侧。

最初，剧院商卖以从批发市场引进的京剧、戏曲相关特色礼品再销售及代销部分高档工艺礼品为主要经营模式，但市场已有产品普遍存在选择范围窄、质量良莠不齐、进货成本高等问题。剧院商卖品无剧院特色，难以真正进入市场与同类产品竞争，购买量完全依托观看演出观众数量，很快即达到饱和。在文化部及中国国家京剧院相关领导的鼓励及支持下，梅兰芳大剧院决定自主研发京剧、戏曲相关衍生品，专事文创产品研发、制作及销售的礼品公司应运而生。

隶属于中国国家京剧院梅兰芳大剧院的北京国京礼品有限公司成立于2015年，它立足于京剧文化的底蕴与内涵，致力于京剧艺术价值的扩展与开发。作为中国国家京剧院梅兰芳大剧院子品牌，国京礼品公司致力于将国粹京剧文化凝于产品、引入生活，开发兼具民族文化内涵和自主原创性的京剧艺术周边衍生品。国京礼品公司由原梅兰芳大剧院商卖部4人、业务部1人及社会公开招聘专业产品设计师1人，共6人组成。作为中国国家京剧院梅兰芳大剧院子品牌，国京礼品公司原创设计团队包括中国国家京剧院专业京剧美术人才和社会各界艺术家，同时兼容并包各种艺术形式，在继承京剧神韵的基础上对国粹艺术进行二次创造，展现当代京剧人对传统艺术的继承和理解。同时，更希望通过这种形式使更多人，尤其是年轻人，愿意了解京剧、走近京剧、喜爱京剧。

成立至今，北京国京礼品有限公司陆续推出“五虎上将”卡通系列产品、“戏·服”T恤系列及迷你京剧乐器“不乐小器”等原创产品。在丰富梅兰芳大剧院商卖产品的同时，也逐步与梅兰芳纪念馆、大观园戏楼、北海皇家邮驿等单位建立合作销售关系，同时建立淘宝店、微店丰富线上销售渠道，使原创产品走出剧院，面向市场。

（二）亮点做法

为国粹京剧开发礼品的工作应该是很有历史意义的一件事情。因为京剧俨然已经成为中国的一个文化标志并且存在着热爱这项艺术的群体。如果在网上检索京剧礼品，出现最多的当数脸谱，脸谱以其形象鲜明、色彩艳丽、有很强的代表性以及不用进行过多的后期加工而受到大部分礼品开发者的热爱，市场上有很多例如脸谱面具、脸谱钥匙扣、脸谱冰箱贴等直接把脸谱进行印刷的商品。脸谱虽然极具代表性，但俨然也成了京剧礼品在创新设计上的一大阻碍，久而久之，“脸谱化”设计也成了偷懒的最佳捷径。

京剧艺术博大精深，其中不乏其他极具审美性的元素，如京剧服装中的“海水江芽”、“团龙”、“团凤”和不同的花卉图案等。中国国家京剧院的设计师在进行礼品创意的时候，即尽力规避“脸谱”，而挑选诸如“杨门女将”等名剧名角，提取平时易被忽略的京剧元素进行二次设计，并在产品的包装、说明上进行阐释。中国国家京剧院希望通过更多真正体现京剧文化内涵的礼品走入市场，使得京剧文化不再给人以“只有脸谱”的印象。

中国人民革命军事博物馆

中国人民革命军事博物馆是中国唯一的国家级大型综合性军事博物馆，1958年9月21日正式组建。展览大楼于1958年10月动工兴建，1959年7月竣工，同年10月内部预展，1960年8月正式开放。建馆50多年来，平均每年接待观众200万人次。2008年3月免费开放后，观众成倍增长，2011年在展览大楼基本陈列陆续撤展关闭的情况下，仍然接待观众410万人次。军博的基本职能是收藏、研究、陈列反映中国共产党领导的军事斗争历程和人民军队建设成就的文物、实物、文献、资料，以及反映中华民族五千年军事历史的文

物、实物、文献、资料。围绕党、国家和军队的中心工作，举办各种专题性、时事性、纪念性展览。接待国内外来宾和观众的参观访问。组织开展相关的学术研究和艺术创作。组织开展与国内外博物馆之间的业务交流。

军博原陈列体系以军事历史为主，基本陈列共10个：古代战争馆、近代战争馆、土地革命战争馆、抗日战争馆、全国解放战争馆、新中国国防和军队建设成就馆、抗美援朝战争馆、兵器馆、中国人民解放军对外军事交往友谊馆、军事艺术馆。2012年8月，总政和军委首长正式批准军博新的陈列体系建设方案。新陈列体系以军事历史为主，辅以军事科技、军事艺术陈列。陈列重点是中国共产党领导的革命战争陈列、新中国国防和军队建设陈列以及人民军队专题陈列、兵器陈列。此外，还设置中国历代军事陈列、军事科技陈列、军事艺术陈列和临时展览。

军博藏品以革命军事类文物为主体，以多种兵器装备为特色，品种丰富、质地多样，时间跨越古代、近代、现代、当代4个历史时期，内容涉及中华民族五千年来军事的、战争的、武器的遗物，以及全面反映我党领导的军事斗争及我国国防和军队现代化建设重大成就的实物。到目前为止，军博收藏文物藏品14万多件，其中国家一级文物1793件，大型武器装备250余件，艺术品1600余件，对外军事交往中受赠礼品2551件。

一、代表文创产品

（一）坦克造型紫砂壶

紫砂茶具造型数以千计，“方非一式，圆无一相”，品茗之余，兼赏其艺术，给人以知识的启迪和美的享受，当紫砂的温润与兵器的冰冷相遇时，打破常有审美的框架，给人以视觉的冲击。当清香和温度随从坦克紫砂壶中流出的茶水而散发时，军事文化的魅力也随之体现。

这款坦克造型的紫砂壶以军博重要的大型兵器文物——坦克为依托进行设计，茶壶为抽象的坦克廓形，六个茶杯形似士兵头戴的钢盔，包装盒也是独具匠心地采用了子弹盒的样式进行设计，包装上“军旅情”三个字由军博著名书法大家李铎亲笔所题。

（二）海、陆、空主题茶具套装

这套景德镇茶具套装是以海、陆、空元素为主题设计的，茶盘上的海、陆、空作战图像选自军博大楼一层的一幅壁画，反映海、陆、空三军联合作战的情景，气势恢宏。茶壶和茶杯上分别印有手枪、飞机、坦克、舰船、卫星和三军战士的图案，画面精致，与青花瓷的颜色相得益彰。整套茶具恢宏大气又不失典雅，让军事文化融入百姓生活。

（三）“孙子兵法”系列紫砂壶

所谓“人间珠宝何足取，宜兴紫砂最要得”。紫砂壶是中国特有的手工制造陶土工艺品，制作原料为紫砂泥，原产地在江苏宜兴，又名宜兴紫砂壶。军博结合古代军事元素——《孙子兵法》十三篇，设计开发了“孙子兵法”系列紫砂壶，共有十三款，每一款都有着独特的造型设计，分为知兵善将、兵贵无形、兵以诈立、趋兵以利、久兵国弊、非危不兵、谨察兵用、势险兵强、兵倚

紫砂壶
久兵国弊
久兵国弊

紫砂
庙算去兵
庙算去兵

间行、胜兵求战、庙算去兵、上兵伐谋、携兵相应。每个茶壶配有两个茶杯，造型精致有特色，将《孙子兵法》刻在紫砂壶上，受到很多军事迷的喜爱。

（四）镀金版天下第一枪

1927年8月1日凌晨，朱德总司令拿着一支德国毛瑟警用手枪，与周恩来、贺龙、叶挺、刘伯承等人领导了著名的南昌起义，打响了武装反抗国民党反动派的第一枪，创建了人民军队。此后，朱德同志在这支枪的弹匣一侧刻了“南昌暴动纪念 朱德自用”字样，并佩戴此枪转战南北。1958年，为迎接新中国成立10周年，中央军委决定筹建中国人民革命军事博物馆时，朱德同志的这支名扬天下的手枪被移交给军博，成为军博的“镇馆之宝”，是当之无愧的天下第一枪。

为纪念中国共产党建党90周年，军博在全国举行了“名人名枪展”，并与北京国宝时代工艺技术研究院联合开发黄金版“天下第一枪”——朱德在南昌起义时使用的手枪模型。黄金版“天下第一枪”由近50个部件组合而成，

结构缜密，一气呵成，既可自由拆卸和组装，又可像真枪一样把玩，采用贵金属和名贵红木精心制作而成，其中枪体镀24K 黄金；枪柄为名贵红木手工雕刻，做工十分考究，拆卸自如，不失一代名枪的风采。“天下第一枪”每支枪体上压铸了唯一编号，并配发军博的防伪收藏证书。一枪一号，一枪一证，均由主管部门登记发行，并由军博出具收藏证书，全球限量编号发行810支。

（五）军事题材普洱茶饼

古人云“普洱茶名遍天下”。古今中外文人学士为“普洱茶”著书写志、吟诗作曲者不乏其人。曹雪芹曾将普洱茶写入《红楼梦》，托尔斯泰亦将普洱茶写入《战争与和平》，阮福著有《普洱茶记》，而在普洱茶的故乡——思茅地区和西双版纳州则流传有不少与普洱茶有关的古诗曲和民间山歌。其种茶、采茶、运茶、揉茶、饮茶、咏茶、祭茶等均引发一系列“茶文化现象”。

近几年来，随着人们生活水平的提高，有强大保健功能和迷人口感的普洱茶再次流行起来，迅速影响全国及东南亚地区。为此云南省博物馆增加了一个展馆项目：云南省博物馆普洱茶馆，向市民和游客展览陈年普洱茶，普及普洱茶知识。普洱茶本身已是一种文化符号，军博将其与军事元素相结合，在茶饼上浮现出坦克、手枪、飞机等图像，可陈列摆放作为艺术品欣赏，亦可饮用品味普洱的醇香。可以说，这是一款既有经济价值又有文化价值的创意产品。

（六）景德镇瓷器“书房六宝”

景德镇瓷器“书房六宝”藏品采用景德镇手工制瓷技艺打造，特邀军博著名书法家李铎先生亲笔题写毛泽东于1949年所作诗词《七律·和柳亚子先生》，“饮茶粤海未能忘，索句渝州叶正黄。三十一年还旧国，落花时节读华章。”整套藏品由茶杯两套、茶叶罐一个、烟灰缸一个、笔洗一个、笔架一个组成，每个细节都做到精益求精，在风格上力求简洁、典雅、端庄，线条流畅优雅，器形饱满，古朴大方，集实用、收藏、观赏价值于一身。

二、文创产品开发经验

（一）文创产品开发概况

军博文创产品开发办公室于2008年2月组建，同年5月正式营业。7年来，军博文创产品开发办累计开发产品十大类160余种，实现了军博文创产品从无到有的突破，多次在国内各类评比中荣获奖项。

军博文创产品开发形式包括自主开发和联合开发两种。自主开发是由军博工作人员进行设计，借助专业单位进行生产制作，在军博销售；联合开发是由军博工作人员和合作单位人员一同参与设计开发，由合作单位进行生产制作，共同进行销售。军博根据销售数量收取监制费。

（二）亮点做法

军博在深刻理解和把握军博馆藏资源和特色的基础上，围绕陈列展览和馆藏资源开发军博特色产品，打造不同层次的文创产品，创建军博文化品牌的观念，推动军博文化品牌的传播。

1. 以军博展览陈列为思路，深入挖掘文物内涵，从如下三方面入手设计文创产品：

第一，体现军博作为红色大馆的教育职能，围绕历代军事史陈列进行文创产品的设计，使产品具有深刻内涵，对观众有革命传统教育的意义，设计突出一个“红”字。

第二，作为中国唯一的国家级大型综合性军事博物馆，军博有着得天独厚的武器装备资源，在设计文创产品时，深入挖掘武器装备及军事科技陈列的内涵，设计突出一个“绿”字。

第三，镇馆之宝代表着博物馆的收藏水平，所以文创产品的开发以军博丰富的馆藏文物为基础，以镇馆之宝为重点展开细致而有创意的设计开发，设计突出一个“宝”字。

2. 以消费者消费能力区分设计文创产品，分为高、中、低档，满足不同消费能力的观众需求。

一是围绕普通观众，根据观众兴趣点开发中低档纪念品，如挂件、小工艺品、日用品、陈列内容光盘、文物藏品书籍等。对大多数消费者而言，合适的价格与精巧的设计才是他们选择商品的关键。

二是围绕馆际活动、军事外交军礼开发中高档礼品，如艺术品复制件、武器模型、画册等。

首都博物馆

首都博物馆新馆作为北京市“十五”期间重点文化建设工程，于1999年得到北京市委、市政府批准，2001年经国家发改委报国务院批准实施，2001年12月正式奠基兴建。首都博物馆新馆于2005年12月开始试运行，2006年5月18日正式开馆。首都博物馆以其宏大的建筑、丰富的展览、先进的技术、完善的功能，成为一座与北京“历史文化名城”、“文化中心”和“国际化大都市”地位相称的大型现代化博物馆，并首批进入国家一级博物馆行列。首都博物馆自新馆开馆以来始终将成为“国内一流，国际先进”作为发展目标，致力于全面提升策展、科研及服务水平，举办了许多高品质、有影响力的展览，其中自主策划的特展：“回望大明——走近万历朝”、“白山黑水海东青——纪念金中都建都860周年特展”、“呦呦鹿鸣——燕国公主眼里的霸国”获得全国博物馆十大陈列展览精品奖。

首都博物馆
CAPITAL MUSEUM, CHINA

首都博物馆收藏的文物以反映北京地区的人类社会生活遗存为主。截至2016年年底统计，拥有馆藏文物12万余件套，约29万件，其中一级文物236件套，二级文物1133件套，三级文物61821件套。藏品种类齐全，历史年代跨度大，上自旧石器时代，近至近现代，贯通北京地区各个历史发展时期，珍品杰作较多，元明清藏品尤为突出，这与建都北京相关。

一、代表文创产品

近年来，首都博物馆文化产品开发从北京地域文化、老北京民俗、馆藏文物三方面入手，设计出具有“京味儿”、“时尚化”的文创产品，产品的价位从亲民的角度出发，希望能吸引更多的年轻人关注博物馆，进而推进首都博物馆的文创事业。

（一）“京味儿”老北京三百六十行系列产品

“京味儿”老北京三百六十行系列产品是首都博物馆2013年推出的体现老北京复古风潮特点的文创产品，目前产品有笔记本、包包、手机壳。荣获“2013年北京旅游商品大赛最具创意奖”，该产品的创意来源是首都博物馆馆藏《华梦遗珍：老北京三百六十行绘本》，它以首都博物馆珍藏的清末民初民间画师手绘老北京三百六十行图卷为蓝本，精选了其中的三百六十七图，即三百六十七行，分农、工、商、乐、杂五部分，由北京民俗学家李滨声、郭子升审定。该书图片精美、文字精当、设计精致，是首都博物馆精心推出的第一本馆藏文物图录，也是研究欣赏老北京三百六十行不可多得的图文并茂的资料性图书，具有历史价值。

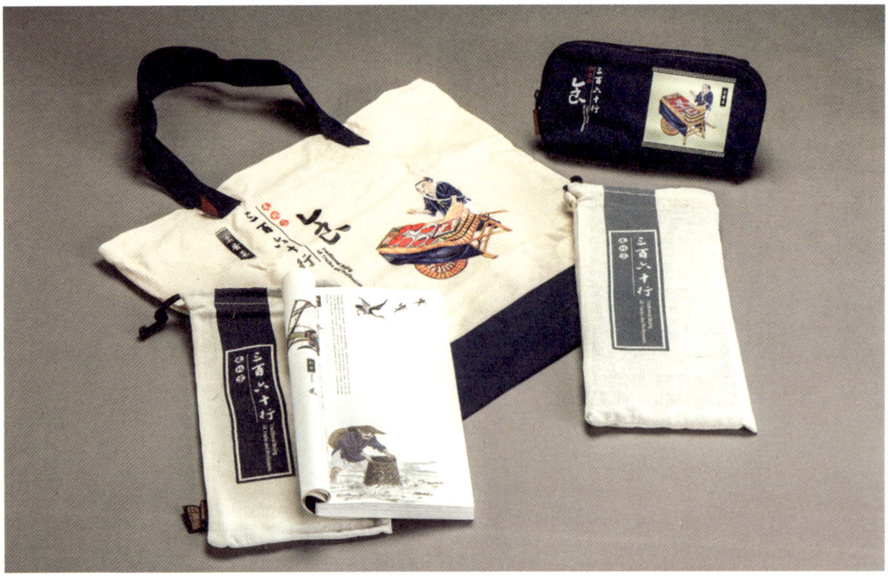

目前，该系列产品制作有笔记本、包包、手机壳，其零售价在50—120元。笔记本分上、下册，外包装采用老北京色彩白 + 蓝，包包采用同样色彩，手机壳以白色为底色，北京味道十足。这些文创产品对宣传和了解北京历史文化起到了一定的作用，适合大众消费和作为伴手礼馈赠亲友。

（二）再会多穆——“松石绿地粉彩番莲纹多穆壶”系列产品

“多穆壶”是元代流行壶式，直到清朝皇室，一直受藏传佛教的推崇。宫廷的册封礼仪和法事需要大量精美的藏式法器和摆设配合，它逐渐演变为华美灿烂的法器，该系列产品设计以华丽的金色勾勒壶身，番莲纹金光闪耀，皇家气派十足。设计方案以壶身的“番莲纹”为主轴，番莲纹由西方传入中国，在西方纹样中的地位特殊，如同中国的牡丹纹，代表着富贵、华丽、丰茂。该系列产品设计亮点在于“金光闪耀、皇家气派”。同时该系列产品也具有中西文化融合的特点。

“松石绿地粉彩番莲纹多穆壶”系列产品荣获2014年“北京礼物”设计大赛优秀奖。该系列产品有冰箱贴、书签、化妆镜、化妆包、零钱包、万花筒、名片盒、行李牌，设计上采用适合年轻人的色彩（粉、金、绿），采用统一风格的外包装，零售价在15—80元，价格非常亲民，适合大众消费和作为伴手礼馈赠亲友。

（三）重温“界画”艺术——“骊山避暑图”系列产品

“界画”是中国绘画很具特色的一个门类，指用界笔直尺画线的绘画方法。将一片长度约为一支笔的三分之二的竹片，一头削成半圆磨光，另一头按笔杆粗细刻一个凹槽，作为辅助工具。作画时把界尺放在所需部位，将竹片凹槽抵住笔管，手握画笔与竹片，使竹片紧贴尺沿，按界尺方向运笔，能画出均匀笔直的线条。界画适于画建筑物，其他景物用工笔技法配合，通称为“工笔界画”。说到袁江，他是中国绘画史上颇具影响力的宫廷画家，专攻山水楼阁界画。在清康熙、雍正、乾隆时期，楼阁工整山水画当以袁江最有名。他将雄伟壮阔的山色与富丽堂皇的楼阁很好地融为一体，既精细入微，又气势磅礴，有力地提高了界画的表现能力，被推为清代“界画第一”。他的精品代表作《骊山避暑图》，现藏首都博物馆。画幅以唐明皇（玄宗）在骊山避暑游乐为题材，描绘出楼台殿阁，古树环绕，散缀于山石巨岭之间，山下湖水一片。整个画面构图繁复，场面宏大，局部精细入微，最引人注目是建在深山中的宫殿，设色极为浓重，鲜艳夺目。

“骊山避暑图”系列产品主要有玻璃盘、文件夹、鼠标垫、钱夹、化妆镜。这些文创产品通过运用玻璃的特点结合界画，打造出立体感极强的产品，该产品既具有宫廷艺术的美感，又具有极强的实用价值，深受观众的欢迎。

（四）“青花凤首扁壶”系列产品

首都博物馆馆藏器物“青花凤首扁壶”是元青花的精品，其出土于北京元代窖藏，代表了元代青花制作工艺水平，造型具有民族特色。凤首扁壶具有鲜明的元代特征：胎骨坚致、釉质肥厚莹润，进口的苏麻泥青料让青花发色浓艳青翠，且有明显的“铁锈斑”特征，其源于金银器造型的扁壶散发着浓郁的塞外风情，塑成凤首造型的壶流简洁而生动，青花勾画的羽毛灵动而飘逸，壶身下部的缠枝花卉纹疏朗有致，整幅画面就好似凤凰飞翔于百花之间。

“青花凤首扁壶”系列产品开发从实用性、功能性等角度考虑，产品涉及钥匙扣、毛衣链、手机链、书签、餐垫、各种包类、瓷版画、T 恤衫、丝巾等。该系列曾获得中国旅游特色商品金奖。

（五）“珊瑚红地珐琅彩花鸟瓶”系列产品

首都博物馆馆藏器物“珊瑚红地珐琅彩花鸟瓶”为瓷器精品，具有浓郁的宫廷色彩。通体以珊瑚釉作地，以珐琅彩绘碧桃和翠竹，腹部和颈部各有一只小鸟，蜜蜂飞舞于花丛，呈现出一派鸟语花香、春意盎然的景象。珐琅彩瓷耗工费时，彩料大多依赖进口，烧造极其珍秘稀少，传世品罕见。目前所见，如此瓶形制纹饰，国内仅此一件。

“珊瑚红地珐琅彩花鸟瓶”系列产品，结合文物自身的特点，取此文物造型及花鸟纹开发具有实用性功能的产品，产品涉及工艺品、日用纺织品、日用金属、纪念品等。该系列产品曾获2014年“北京礼物”大赛优秀奖。

二、文创产品开发经验

（一）文创产品开发概况

1.开发理念

博物馆文化产品除向观众提供产品服务之外，更是传播博物馆文化及其独特内涵的重要载体。首都博物馆文化产品开发经营工作始终遵循“把博物馆带回家”的理念，在观众参观展览的同时尽量满足其对博物馆特有文化的需求。根据观众的需求，结合首都博物馆馆藏文物的特点，开发具有北京地域、历史及民俗特点的文化产品。

2.开发种类

首都博物馆文化产品从属性上主要分为两大类：一类是馆藏仿制品类，另一类是生活家居类文化创意产品。馆藏仿制品类主要以馆藏精品文物为对象，利用现代的科学技术对文物进行仿制，再经传统手工艺专家的精心制作，呈现老文物新技术的制作手法。生活家居类文化创意产品则以馆藏文物、博物馆建筑形象及其他代表博物馆的文化符号为主要设计元素，开发集实用性、便携性、美观性、环保性于一体的文化产品。考虑当代城市生活质量不断提高，博物馆文化创意产品的开发方向也应当切入生活，从摆件类逐渐向家居类过渡，开发中生活家居类产品占90％，仿制类产品占10％。为进一步满足不同层次的观众需求，博物馆通过对设计元素进行多层次、多元化、全方位的提炼，不断开发出不同价位的文化产品（一般生活家居类产品价位在10—400元），进而达到通过产品传播博物馆文化的目的，并逐渐形成主题化、系列化、多样化、生活化的产品风格，让博物馆的文化产品进入生活、融入生活。

（二）亮点做法

1.“两点一线”的开发原则

首都博物馆产品开发注重“两点一线”的原则，围绕“馆藏文物”和“北京民俗”两个方向，通过文化创意产品的开发，打造首都博物馆的“明星文物”，同时分析参观观众的特点及兴趣点，开发适中价位的产品，让观众在体验博物馆文化的同时，得到生活需求的满足。

（1）重品牌

作为北京的文化窗口单位，首都博物馆的品牌意识超前，于2009年开始着手申请标识“首博”字样的商标权。今后首都博物馆将继续发挥品牌优势，打造文创产品精品，使之成为博物馆品牌的佼佼者。

（2）抓定位

自2008年免费开放以来，首都博物馆的参观人群发生着翻天覆地的变化，从以前的学者、白领、收藏家等转变成“旅游团”、“学生团”，而且人均消费也有所下降。鉴于此情况，首都博物馆及时做出调整，在满足以前参观群体的同时，在工艺品商店开设“学生专区”、“纪念品专区”，保证了这部分观众的需求。

（3）抓设计

开发具有美感和艺术性的产品。选择合适的博物馆文物资源，引入美学创意，提取文物元素并进行符号表达，在延续文物所承载的文化信息的基础上，通过设计创造出符合市场的文创产品。

制定了首博文创产品 VI 识别系统。今后的产品将统一风格、统一色系、统一标识，并加入中英文说明及产品二维码。

（4）重特色

紧扣博物馆的藏品和地域文化特点，开发具有博物馆地域性、唯一性的文化产品，文创产品区别于其他产品就是因为它有文化传承的寓意。首都博物馆是中国古代都城文化历史的展示场所，也是当代北京文化风范的展示场所，是北京市政府的接待中心，在传播北京文化的职能上有着特殊的地位。如何通过文化产品传递北京独特的地缘文化，通过产品的特色把北京的文化特色通过博物馆的文创职能传播出去，需要认真整合多方资源。首都博物馆的研发团队就是本着以北京地域文化为前提，再结合馆藏资源，开发出具有市场价值的唯一性的文创产品。“老北京三百六十行系列产品”的主题思想就是以老北京熟知的行业文化为基点，结合馆藏画册的形象依托，设计制作出既具有怀旧趣味又符合市场需要的文创产品，而它的存在不仅仅是一件纪念品，也承载着对北京即将消失的老行当文化的记忆，对想了解北京文化的人来说是一本实用性很强的宝典。

2.经营力主创新，注重艺术视觉，注重渠道

（1）经营理念

首都博物馆经营思路本着一切为顾客服务的理念，结合临时展览等各项活动，结合位于方厅五层常设展览“北京民俗展厅”开设符合北京文化的“民俗苑”，结合位于方厅四层的“瓷器和佛像展厅”开设具有旧货性质的“博古斋”，结合位于方厅三层的展览开设具有北京文化的“紫禁阁”，结合位于方厅

二层的“北京城建展”开发“首博文化”品牌店。地下一层销售区域设有“工艺生活馆”和“图书商店”。一切以满足顾客的需求为己任，呈现首都文化积淀，真正做到以人为本，展厅外的产品与展览内容相匹配。

（2）销售模式与渠道的开拓

首都博物馆的销售模式为公司化运营模式，博物馆负责对设计元素的提取并肩负文创开发监管的职责。文化产品销售采取了定点式销售、代理销售、网络销售及展会销售4种销售模式。其中，定点式销售即在首都博物馆内设定指定区域进行销售。目前，馆内共设置销售点10处，销售场地面积达2000余平方米，分散在博物馆各层，最大限度满足了顾客的消费需求。代理销售即在其他博物馆内进行商品的销售。至今首都博物馆已与10余家博物馆和相关单位进行合作，成功地将本馆文化产品推向全国各地。网络销售即在淘宝等网站进行销售，首都博物馆文化产品2013年入驻淘宝网，在一定程度上加速了博物馆文化的传播和发展，同时也将文化产品推向更广阔的平台。展会销售即参加相关文创展会进行宣传和销售。

销售渠道除了店面经营和网络经营之外，首都博物馆还推行授权经营，引进先进的科技、知名的台湾文创企业、优秀制造商等强强联合，与实力企业合作开发的产品允许其在自有渠道内销售并不低于零售价，这也是为了更好地让首都博物馆品牌产品“走出去”。2012年首都博物馆是中国内地首个加入“美国博物馆商店协会”的，以此增加国际的影响力及开拓国际市场。

（3）凝聚团队，激发活力

对于销售人员的管理，一是采取月月考核制度，每个员工将自己的心得体会分享给大家；二是采用月月培训制度，邀请合作商为员工讲述产品特性；三是邀请知名陈列师为店面做优质展陈。

（4）定期培训，注重人才培养

首都博物馆主要在商品知识、销售技能、服务礼仪三个方面对员工进行培训。其中，商品知识培训是组织相关供货商对员工进行定期培训，主要对现有商品的种类、材质、制作工艺、特性等进行系统的讲解和答疑，让员工全面了解商品信息，为顾客提供更为全面、优质的服务打下了坚实的基础；销售技能培训主要是邀请相关专家对一线管理者和服务人员进行销售技能的专业化培训，包括销售技巧、销售心理学等内容，让每位员工都能充分发挥各自的作用；服务礼仪培训主要是邀请专业礼仪培训机构对一线服务人员进行礼仪服务方面的专业化培训。近来每年首都博物馆参加全国各地的文博会、科博会、旅商会、博博会20余次，开阔了员工知识面，提升了眼界。

（5）征求来馆观众意见

首都博物馆还对观众进行“商品调查问卷”工作，及时掌握观众需求。主要针对商品种类、价格、服务等方面内容对观众进行征询问答，通过问卷不但能够了解观众对商品的满意度，还能了解观众对文化产品种类、价格等方面的需求。及时收集观众对文化产品的相关建议，经过有效筛选后，针对不同层次的消费群体开发相应的文化产品，为产品销售工作提供了有价值的信息。

3.文创产品屡获嘉奖，蓄势待发

首都博物馆开展的文创产品开发工作得到了北京市文物局、北京市旅游局等单位的多方支持，并受到各大媒体的关注。每年首都博物馆参加全国各地的文博会、博博会、科博会、旅商会20余次。2010年11月，首都博物馆参加了第五届北京文化创意产业博览会，荣获由中国北京文化创意产业博览会组委会颁发的“最佳展示奖”。2011年“琉璃伯矩鬲”荣获第八届“北京礼物”设计大赛优秀奖，同年“青花凤首扁壶”系列产品荣获第二届“新京味旅游特色纪念品”。2012年5月第八届深圳文博会上在北京代表团展示区策划“台湾汉阁”与“北京首博文化发展有限公司”就“博物馆文创产品开发”项目签约300万元。10月，“青花凤首扁壶”系列饰品荣获由福建省文化厅和福建省文物局共同颁发的第五届海峡两岸（厦门）文博会“海峡两岸文博创意产业精品展”最佳创意产品奖，同月参加了由中国博物馆协会主办的“2012博物馆及相关产品与技术博览会”，荣获“最佳展示奖”和“博物馆与文化创意产业促进奖”。同年12月参加北京市旅游发展委员会主办的“2012北京旅游商品博览会”，其中“老北京三百六十行”系列产品荣获最具创意奖。同月，参加了由文化部、国家广播电影电视总局、新闻出版总署和北京市人民政府共同主办的“第七届中国北京国际文化创意产业博览会”并荣获“最佳展示奖”。2013年5月随北京市代表团参加深圳第九届文博会，6月参加山西首届文博会。10月组织由北京市旅游发展委员会主办的第十届“北京礼物”北京地区博物馆纪念品大赛，其中，首都博物馆设计制作的“北京三百六十行街景礼品”荣获该大赛北京地区博物馆纪念品赛区的金奖，“姻缘包”和“首博宝宝”获优秀奖，除此之外，首都博物馆在该展会中荣获最佳展示奖和旅游商品创意奖。同月，组织参加由福建省文物局主办的第六届海峡两岸（厦门）文博会“海峡两岸文博创意产业精品展”综合评比中，荣获一等奖。11月组织参加了由文化部、国家广播电影电视总局、新闻出版总署和北京市人民政府共同主办的“第八届中国北京国际文化创意产业博览会”并荣获“主展场最佳展示奖”和“文博创意产业促进奖”。2014年5月随北京市代表团参加深圳第十届文博会。9月组织参加了由北京市旅游发展委员会主办的“第三届旅游商品博览会”，荣获优秀组织单位奖和最佳旅游商品设计奖。同期，参加了第十一届“北京礼物”设计大赛，其中“多穆壶”系列产品和“珊瑚红地珐琅彩花鸟瓶纹饰”系列产品获优秀奖。

上海博物馆

上海博物馆是一座具有影响力的中国古代艺术博物馆，设有中国古代青铜馆、中国古代雕刻馆、中国古代陶瓷馆、暂得楼陶瓷馆、中国历代绘画馆、中国历代书法馆、中国历代玺印馆、中国古代玉器馆、中国明清家具馆、中国少数民族工艺馆和中国历代货币馆11个陈列专馆，共展出藏品1万余件。还有三个特别展厅，通过展出海内外博物馆、文物收藏机构收藏的珍贵文物和各类艺术品，以开阔人们的视野，丰富人们的文化生活。

上海博物館
SHANGHAI MUSEUM

上海博物馆拥有藏品100余万件，其中珍贵文物14万件，包括青铜器、陶瓷器、书法、绘画、玉牙器、竹木漆器、少数民族工艺等 21个门类，尤以青铜器、陶瓷器、书法、绘画为特色。馆藏文物中，金石类的青铜、印章、雕塑、货币及古文字类文物的数量占到一半，其中不乏一、二级品的珍贵文物，如青铜鄂叔簋、凤纹簋、龙耳尊等。馆藏文物中陶瓷类最丰富的是元明清景德镇瓷器，包括元代和明初洪武的青花和釉里红，永乐、宣德、成化和以后各朝及清代康熙、雍正、乾隆三朝乃至清末的官窑瓷器，明、清两代的景德镇民窑瓷器也为数不少。目前，上海博物馆陶瓷类藏品中，珍贵文物达2万多件。书画类馆藏方面，上海博物馆藏有晋王献之《鸭头丸帖》、唐孙位《高逸图》、唐高闲《草书千字文卷》、唐怀素《苦笋帖》、五代董源《夏山图卷》、北宋赵佶《柳鸦芦雁图》、南宋米友仁《潇湘图卷》、南宋赵孟坚《行书卷》、南宋张即之《楷书待漏院记卷》、元钱选《浮玉山居图卷》、元任仁发《秋水凫鹥图》、元倪瓒《渔庄秋霁图》、元赵孟頫《行书十札卷》、元倪瓒《六君子图》、元冯子振《行书虹月楼》、明董其昌《秋兴八景图》册、清王翚《重江叠嶂图》等名作。工艺类馆藏文物现有数万件，包含了玉器、家具、竹木牙角器、漆器、砚、墨、织绣、珐琅、玻璃、皮影、剪纸、年画、少数民族文物和外国文物等诸多门类，其中以玉器、家具、竹刻、犀角、顾绣、皮影等收藏最具特色。

一、代表文创产品

近年来，上海博物馆涌现了一批经得起市场检验，让老百姓掏腰包的成熟文创产品。

（一）仿隋代白釉仕女俑台灯

上博精选了馆藏隋唐时期的仕女俑，将她们与现代生活用品完美结合，制作出了仿隋代白釉仕女俑台灯系列产品。不仅能为读书人带来一些浪漫主义的元素，给读书人枯燥的苦读生涯增添了几许亮丽的色彩，而且也能给读书休闲时光带来一丝暖意。

仿隋代白釉仕女俑台灯由灯架和台座组成，台座上装饰的各种姿态女俑是仿上海博物馆馆藏隋代仕女俑的造型。隋代白釉女俑六个一组，分别以弹奏琵琶、吹奏筚篥、吹奏排箫、舞蹈和捧罐造型。这是典型的隋唐时期宫廷乐舞的样式，反映了当时上层社会的生活。这组体态轻盈的女俑与现代生活用品完美结合，赋予文物新的艺术生命，给人们不一样的生活体验。本系列产品有6种不同造型产品构成，消费者可以成套购买，也可以单独购买。

（二）3D 指触魔卡

上博的3D 指触魔卡以馆藏青铜珍品为元素，将三维互动体验、多语言听读、虚拟拍照的科技功能融于一体，寓教于乐。

产品10张明信片为一套，内容遴选了上海博物馆最具代表性的10款青铜器馆藏，包括西周孝王大克鼎、春秋早期子仲姜盘、春秋晚期牺尊等。采用高科技，只需扫描卡片后面的二维码下载一个 App，然后把卡片对准手机或者平板电脑摄像头，就可以360度、全方位、无死角地观看文物。可以两只手随意放大、缩小、旋转，从不同的角度去看文物，每个青铜器的细节及花纹都可以看得很清晰。它不但有中英文的文字介绍，还有中文的语音讲解功能，不仅可以让国人了解我们自己的文化，而且可以让外国友人感受我们中国文化的博大精深。

（三）青铜几何纹手镯

本款设计撷取馆藏青铜器上承载着古老文明的几何回纹，以珐琅工艺为载体，配合别致大气的现代造型，将优雅动人与神秘瑰丽融为一体，呈现独一无二的气质与美丽。此产品采用珐琅彩工艺，金属合金材质，用精美皮质礼盒包装，精美高档，深受消费者的喜爱。

（四）陶瓷纹长丝巾

以东方传统文化艺术元素为创意，与当代设计相结合的文创产品，近年来逐渐受到追捧并日益普及。独具“中国风”的文创产品用于自用或礼尚往来，尽显独特的东方人文气韵和深厚的中国文化风情。为此上海博物馆积极探索陆续研发了以博物馆文物元素为灵感的系列围巾产品，已成为普及、亲民、可以

触摸的生活用品，是上博的一大特色。

陶瓷纹长丝巾纹饰灵感源于陶瓷器上水波纹、花草纹等彩绘元素，配以泡泡纱工艺的真丝质地，显示了中国古代彩陶文化中的粗犷与抽象之美，百搭各款服饰，亦古亦雅。

（五）上博藏品纹饰丝巾扣

在创意设计上，上博更注重与博物馆主题密切结合的文创产品研发，突出文化性、纪念性、独特性、轻便性和时尚性。在制作加工上，追求工艺技术层面的革新与突破。充分考虑顾客的审美标准和人文情趣，并不断提升。

秋冬时节，丝巾必不可少。上博推出了两款高品质的丝巾扣。纹饰取自上海博物馆藏品中的书法及竹元素，可以搭配各式丝巾、围巾、披肩。采用纯铜材质，加上精细的喷砂工艺，简单中透露出一种雅致。

（六）创意变形猴颈枕

颈枕的造型创意来自上海博物馆藏清沈铨《封侯荫伯图轴》。设计师根据其画中的猴子造型，进行了卡通化设计，成为让人眼前一亮的创意变形枕。它裁剪细致，造型可爱，富有童趣，平日在家可以放着做装饰，出行舟车劳顿时则用来做 U 形枕，是非常实用的家居必备品。

此颈枕造型可爱，销售火爆，深受消费者的喜爱，之后还将陆续推出生肖系列。

（七）上博藏品纹饰磁吸耳机

此系列磁吸耳机纹饰源于上海博物馆藏清恽寿平《花卉图》、清郑燮《竹石图》、清唐火《荷花游鱼图》及清乾隆景德镇窑粉彩花卉纹盘中的图案。恽寿平是明末清初著名书画家，开创了没骨花卉画的独特画风。郑燮的《竹石图》虽寥寥几笔，而倚石取势，摇曳生姿，有满纸秋声的感觉。唐火以没骨法画的《荷花游鱼图》以柔和淡雅的格调，来显示荷花高洁的容貌和纯净的品格。清乾隆景德镇窑粉彩花卉纹盘是景德镇仿珐琅彩制品，呈色淡雅柔润，纹饰笔法精细，栩栩如生，摇曳多姿，更显娇艳妩媚。

磁吸耳机音质优美，贴心的磁贴设计可随意悬挂，自动调节收纳耳机线，是古代艺术与现代科技的完美融合。

（八）上博藏品纹饰手机壳

上博文创设计师从深受观众欢迎的馆藏书画、陶瓷器、玉器等资源入手，遴选具有代表性的馆藏品，如《桃花双绶花鸟图》设计制作成时下社会上流行的 iPhone 手机壳，赋予时尚的元素，彰显出文化气息，商品广受青睐，成为上博的明星产品。

（九）书画精品纹饰杯垫

书画精品纹饰系列杯垫采用木质材料，将书法与绘画中传统美学重新演绎，使有着中国传统特色的图案融入茶文化，无论静置或使用，都呈现亲和的美感，是不可多得的茶道用具。

（十）PVC 可折叠塑料花瓶

PVC 可折叠塑料花瓶纹饰源于上海博物馆馆藏青铜器、瓷器、书法、玺印。可折叠塑料花瓶纹饰独特，器型可折叠，易携带，耐久用，是家居、办公室及拜访亲朋好友的馈赠佳品。

二、文创产品开发经验

（一）文创产品开发概况

上海博物馆艺术品公司创建于1986年。1996年随着上海博物馆新馆对外开放，领导班子高瞻远瞩，重视文创产品的开发，力求与国际接轨，同步推出了新商场，并在大堂和各层楼面都开设了商店和专柜，这为艺术品公司创造了良好的发展契机，经营开始有了明显起色。公司以开发文化创意产品和生产馆藏文物复仿制品为主，兼营文物类、艺术类专业书籍。经过20年的努力，年销售额从1996年的500万元人民币，发展到稳定在3000多万元，最高时达到4000万元。公司年销售额的60％来自自主开发设计的旅游纪念品、系列文化商品，现累计多达百余类上万余种，成功地营造了博物馆商店的整体形象。作为上海博物馆对外服务的重要窗口部门，多年来通过文创产品的演绎，已成为博物馆对外文化交流的平台，是博物馆文物展览教育的延伸，更是提升博物馆文化影响力的重要载体。作为传统文化的守护者，上海博物馆坚持传承、普及与推广，借助创意手段，形成了特有的品牌经营、创

A.机场1号登机楼店
Shanghai Museum Shop - Branch in the First Terminal Building of Shanghai Pudong International Airport

B.新天地分店
Shanghai Museum Shop - Branch on Taicang Road

C.东方明珠店
Shanghai Museum Shop - Branch in the Oriental Pearl Tower

意开发和产品营销的博物馆文创产业链，在与国内外博物馆合作的同时，使文创产品日益成为博物馆事业发展的新增长点，是博物馆立足社会进行文化推广宣传教育的重要途径之一。

2005年，为了做大、做强，促进公司的更好发展，公司在上海时尚文化地标的“新天地”太仓路开设了精品分店，营业面积250平方米，主营自行设计制作的高档文化商品，成为与新天地周边环境既融合又别具特色的博物馆文化商品精品店，成功迈出走向社会的第一步。为了更好地将博物馆创意产品传播到世界各地，公司分别于2013年3月和9月入驻浦东国际机场1号航站楼和东方明珠广播电视塔，成为全国第一家进驻国际机场航站楼的博物馆文创产品专卖店。两店营业面积分别为80平方米和138平方米，设计风格简洁大方，商品陈列新颖美观，所选商品充分展示了上博自身的鲜明特色，包括文创产品、馆藏复制品和图书三大类，向海内外乘客呈现了一个可推广普及的“文物陈列室”，也成为机场提升文化品位的一项重要举措。专卖店开张以来吸引了众多游客，成为旅游景点一道亮丽的风景线，以独具匠心的魅力和氛围营销上博文化。

2015年10月27日，上海博物馆淘宝店正式上线，从方便顾客的角度出发，采用线上线下相结合的销售模式，逐步扩充辐射。在淘宝商品的选择上更注重突出文化性、纪念性、独特性、轻便性和时尚性，秉持顾客满意的经营理念和独特唯一的文化定位。同时充分考虑顾客的审美标准和购物趋向，共挑选了5大类25个品种共计130余件商品作为第一批上架的文创产品。后续将根据淘宝店铺的商品点击、收藏率以及销售情况做系统性的分析和调研，及时调整商品种类，以满足顾客的需求。这是一个全新的尝试，是上博顺应网络时代发展迈出的一大步。我们在实践中学习、探索和积累，不断提升竞争力。通过网店这一载体，激发观众对文化的兴趣，让更多的人了解喜爱上传统、经典的文化艺术，让实用、时尚的文化产品融入百姓生活，让博物馆文化充满活力。

上海博物馆在文创工作中开拓创新、锐意进取，取得显著成绩。2013年厦门文博会“创意产业精品展”综合评比中，荣获二等奖。2014年厦门博博会上，自主开发的文化典藏立体剪纸，受到观众和组委会评委的一致好评。在文创产品评选会上获得中国博物馆协会颁发的“全国博物馆文化产品创意设计推介活动创意奖”和“家居用品组银奖”以及中国博物馆协会文创产品专业委员会颁发的“中国博物馆十大文创产品奖”，商店荣获“中国博物馆最佳文创商店奖”。2015年获第二届山西文化产业博览交易会“优秀展示奖”。荣获“第八届海峡两岸（厦门）文化产业博览交易会”博物馆展区文创产品最佳创意奖和优秀组织奖。并入围首批“全国博物馆文化产品示范单位”。

（二）亮点做法

1. 经营定位

博物馆文化创意产品受其本身基本特征的制约和影响，要想充分挖掘其价值，必然需要借鉴产业化运作的机制和方式，通过与市场的结合，来达到一般商品属性中追求价值利益的目的。追求经济效益最大化是商品的最大目的，但就博物馆文创产品的特殊性来说，受博物馆本身定位和性质的制约，它又必须以追求社会效益最大化为最终目的——博物馆的文创产品开发是为了服务社会，宣传和推广博物馆文化，扩大博物馆的影响力，最终达到满足消费者日益增长的精神文化生活需求的目的。因此，虽然从一般的经济规律而言，博物馆文创产品开发并不排斥经营与获利，但同时，更需要变通地将博物馆文创产品获得的利益用于博物馆事业本身的发展之中，从而达到“取之于民，用之于民”的社会效益目的。

在新馆建设初期，上博领导就提出了明确要求：在博物馆商店销售的商品中，必须有85％的商品体现本馆文物特色，商店的经营方向应当是以体现本馆文物为重点。十多年来，作为上海这座城市对外文化交流的重要窗口，越来越多的观众走进上博，通过对实物陈列的参观，了解历史，开阔视野，丰富文化艺术知识，提高自己的综合素质。与此同时，人们的文化消费理念也在悄然地发生着变化，观众到博物馆已不再满足于参观陈列展览本身，而是希望在欣赏与学习之余，还能购买到与博物馆展品有关的纪念品、复仿制品等，以丰富自己的文化生活。这一变化体现了博物馆社会教育功能的延伸，实践证明，使传统文化元素与时尚生活相碰撞，可能成为推动社会进步的强大力量。

2.经营模式

明确了经营定位之后，上博坚守文化创新的设计理念，充分发掘文物的文化历史和艺术内涵，在博物馆文化发展进程中不断探索，从商店布局到产品的策划、设计、制作、销售以及人力配置等全过程，都环环相扣，紧密相连，形成了产、供、销一体化的经营模式，为长远发展打下了扎实基础。实践证明，博物馆独特的文物收藏就是博物馆文化发展的艺术源泉和文化宝库，因此，上博的优势也是独特无可取代的。

3.研发思路

上博一直致力于博物馆文化商品的设计和研发制作，自始至终注重品牌经营。丰富的馆藏文物资源是上博艺术品公司的设计源泉。在利用器型、文物图案的设计中，不是作简单的堆砌、随意的运用，而是在保留文物精神内涵的基础上，经过反复推敲思考，再进行创作与设计，融入流行元素，选择具有观赏性、实用性的物件作为载体，衍生出多品种、系列化的博物馆文化产品。策划团队经常分析顾客的组成和需求，注重商品从设计到诞生的每一环节，坚持开拓与创新。追求品质、追求完美，形成特色品牌效应，从而获得消费者的认可。

创新是文化发展的灵魂，只有不断推陈出新才能生生不息、永续发展。依托上博这一深厚文化艺术宝藏，着力提高商品设计的时效性，有计划、有目的地组织开发设计一批拉动力强的新商品，适时适度对商品进行结构性调整。

在博物馆文化产业发展进程中不断探索，开拓思路，锐意进取，不断从品牌经营、创意开发和产品营销等层面加强自身建设，拓宽博物馆文化商品的先进理念，以创新的思维把流行元素融入古典，在保留文物精神内涵的基础上，衍生出多品种、系列化的博物馆文化产品，在功能方面兼具观赏性和实用性，体现艺术与生活的完美结合。

上博文创产品始终坚持其特殊性、唯一性、文化的传播性及商品和文化元素结合的创新性，在营销理念上，需要将原有的“推销礼品”向“推销文化、宣传文化”转变，重点突出产品的文化价值。概而言之，上博的文创产品呈现出以下几个特色：一是特殊性；二是唯一性；三是传播性；四是创新性；五是资源反哺性。

4.经营亮点

（1）充分运用上博的品牌效应与公信力，将文创产品推向更广阔的市场。

近年来，上博艺术品公司积极发挥博物馆在文化传播中的重要作用，扩大经营规模，打破单一的营销模式，运用现代化的营销手段，利用网络、联营、会展等资源优势，扩大商品宣传力度，开设专卖店、淘宝店等多渠道营运，推动公司的长远发展。并尝试以主题专柜的形式配合特展宣传。比如，将馆内临展的“克拉克艺术馆藏法国油画展”的相关衍生产品悉数亮相于专卖店，对展览起到了积极有效的推广作用，是博物馆在国际化、现代化城市文化进程中的一次成功尝试，提供了一个向海内外游客展示中国传统文化的平台，成为可以推广普及的“文物陈列室”。

2013年年底开通了上海博物馆艺术品公司微信公众平台，内容涉及上博近期展览和相关活动推广、文物知识普及以及相关文创衍生品的介绍和展示。公司微信公众平台的推出是整合博物馆各方资源，通过内容丰富的形式，更好地宣传上博及各大展览活动，做好窗口服务及推广工作。

（2）提高博物馆声誉，加强对外宣传力度，融入社会城市建设。

上博除了利用国内外博物馆、旅游景点等同行业的销售渠道，实现互利、双赢外，还利用现有资源，提供积极的观众体验，提高博物馆声誉。近两年，陆续受邀参加了中国北京国际文化创意产业博览会、第八届海峡两岸厦门文化产业博览交易会、第二届山西文化产业博览交易会、2015全国博物馆文创精品展览、广州国际文物博物馆版权交易博览会、上海书展、香港书展等20余项会展活动。

通过这些展会，将具有上博文化特色的产品推广到不同的省份。深厚的文化底蕴，独到的设计理念，兼具实用与艺术的文化产品深受广大文博爱好者的喜爱，加强了博物馆同人间的馆际交流和切磋，上博艺术品公司陆续与国内外60余家博物馆建立了合作。

（3）另辟蹊径利用社会和政策资源，通过文创产品让传统文化“活起来”。

2015上海书展上博带上好玩的、萌萌的“文物”与读者互动，想怎么玩就怎么玩，并在书展特设小型互动体验区，隆重推出“指触魔卡——3D立体青铜版明信片”，随着信息技术的发展，让艺术与科技融合，把纸质读物与数字媒体结合，同时可三维互动，多语言听读，虚拟拍照合影，使文物与观众越来越“亲近”。

上博在纪念品的开发过程中，借助社会力量强强联手，吸收社会上的有利资源，与艺术院校合作开拓更广泛的设计平台。2016年与上海视觉艺术学院合作，共同参与考古展的文创产品设计，借用学生的创作热情和兴趣，开拓设计思路和视野。

2015年，上博艺术品公司申报了全国新闻出版局及上海新闻出版局旗下的两个专项资金扶持项目，旨在借助上海博物馆的品牌优势并结合文化消费群体的需求，开设按需印刷图书体验店。推广“先订单后印刷”的创新商业模式。以上博馆藏图书为特色，结合观众特有的文化需求，将孤本书籍进行按需印刷，并对书店设施、陈列等进行升级。另一项是对珂罗版基地进行改造和建设。用现代技术对古老的珂罗版印刷技术的改造，让传统工艺得以传承。

四川博物院

四川博物院是一座具有地方特色的综合性博物馆，为国家一级博物馆。四川博物院的前身是创建于1941年的“四川博物馆”，1950年改称“川西博物馆”，1952年改为“四川省博物馆”。2009年新馆落成后，易名“四川博物院”。新馆位于成都市浣花溪历史文化风景区，占地88余亩，目前拥有14个展厅，总面积12000平方米，包括书画馆、陶瓷馆、青铜馆、四川民族文物馆、工艺美术馆、藏传佛教文物馆、万佛寺石刻馆、张大千书画馆、汉代陶石艺术馆等常设展览，内容涵盖四川历史发展简况和极具特色的地方文化。另有4个临时展厅和可容纳200余人的学术报告厅。

四川博物院

SICHUAN MUSEUM

四川博物院现有馆藏文物26万件，其中珍贵文物5万余件，位居全国前列，其中最具特色的是巴蜀青铜器、四川汉代画像砖和陶塑、书画、佛教造像、少数民族文物、古代钱币、民俗文物、近现代文物等，均有极高的历史价值和艺术价值。2010年，四川博物院新馆向社会免费开放，并创建了国内首个“大篷车流动博物馆”，把展览送到边远山区、民族地区、革命老区、学校、军营和矿区，每年行程几万公里，让更多的民众走进了博物馆，让深藏闺阁的珍贵文物走向大千世界。四川博物院坚持“周周有活动、月月有展览”，并依托藏品和展览研发出多种适合不同群体的文化产品。

一、代表文创产品

（一）张大千系列钱包

该产品创意源自馆藏张大千系列绘画作品与细腻的超级纤维材质钱包的结合。二者的融合不仅可体现出绘画的逼真效果，将张大千先生的绘画作品更广泛地在日常生活中进行传播，同时优质的钱包也具有实用性。钱包的外包装是印有四川博物院LOGO的硬纸盒，成本较低且环保，产品零售价120元。

（二）“大师带你一起画”绘画产品

该产品创意源自目前市面上流行的《秘密花园》。将馆藏张大千作仕女原画与浅色的可临摹的线条画本组合在一起。一套产品共有6张，有1张原画加5张线条画，既可以根据个人喜好多次多种方式模仿，也可以作为本册使用，在模仿中学习，亲自体会大师的绘画艺术。另外，每张临摹卡片同时又是明信片，绘画者临摹之后可将自己的作品馈赠给亲朋好友，具有独特的纪念意义。该产品在作为销售品的同时，与该院少儿教育活动相结合，寓教于乐。产品尺寸为14.5厘米 × 23厘米，外包装为硬牛皮纸，零售价15元。

（三）画像砖系列移动电源

该产品创意源自馆藏汉代画像砖，将画像砖的图案展示在移动电源表面，不仅同现在流行的“国学”、“汉风”相结合，同时移动电源又具实用性。该款移动电源电池容量为6000毫安，产品表面材质为仿皮纹和ABS塑料，产品上的图案和标志采用压印方式，图案颜色为黑白色，再现画像砖的古朴本质，产品规格105毫米 × 69毫米 × 11毫米，零售价99元。

（四）陶制茶器和香器

在陶瓷制作工艺十分成熟、造型图案丰富多彩的当下，四川博物院“逆潮流而动”，反而追求陶器制品的简约和质朴。通过还原陶制茶器使用功能和深厚的文化形象，推崇中国传统茶文化的优雅从容质朴的生活方式，满足那些倾心于杯盏之间乐趣的人们寻回一份超脱世外的安宁。通过香器自身散发出“素”的审美情趣，让人们在居家修身养性中心生欢喜，物我两忘。该系列产品为陶瓷制品，结合四川博物院LOGO设计制作，产品售价300元左右。

（五）伸缩式耳机

该款产品提取四川博物院馆藏书画名家如张大千、徐悲鸿、齐白石等作品的图案，做成耳机饰件。该款产品另一系列结合四川博物院LOGO，由“四”和“川”字上下组合形成一个鼎的造型，古朴典雅，大气稳重，彰显了强烈的地域特色和浓厚的历史氛围。图案设计传承其经典，延伸至流行，平添了几分节奏和动感。耳机为磁吸式，可夹在衣服或提包上，便于携带，且耳机线为伸缩抽拉式，方便收纳整理。该款产品售价为50元。

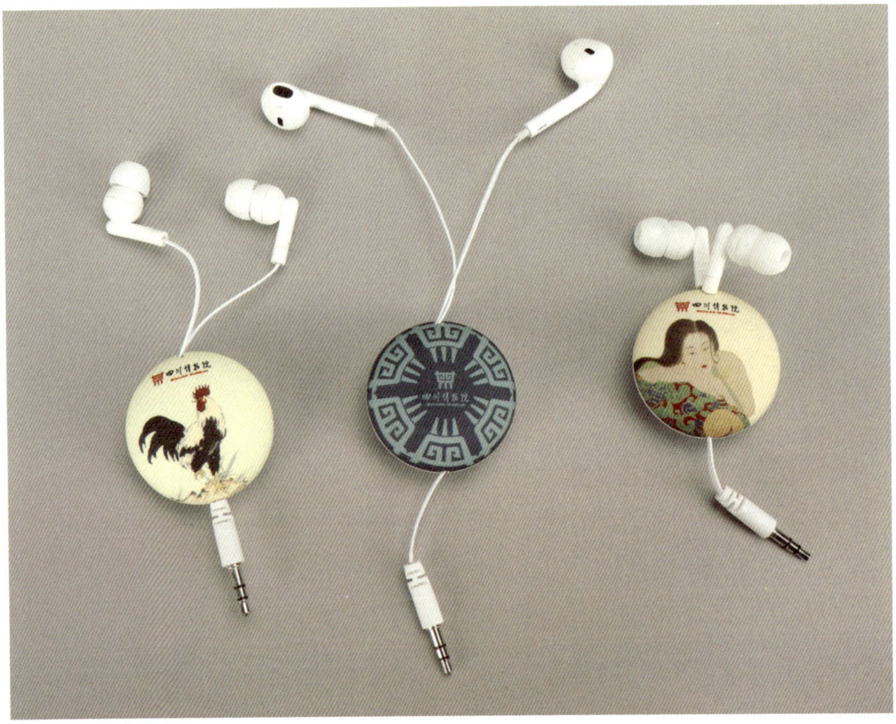

（六）中唐卷草纹丝巾

该款丝巾的创意元素取自院藏张大千临摹敦煌壁画的藻井图案。卷草边式为波状连续卷草形式，绘石榴卷草纹与茶花卷草纹，卷草叶形宽大饱满且有节奏的翻卷，纹饰线条优美。卷草纹色调以石绿、土黄为主，用色华丽。后期

的丝巾设计较好地保留了张大千先生临摹壁画的原样构图和色彩，显得古朴而华丽。产品材质为真丝，尺寸67厘米 × 190厘米，零售价880元。

（七）陶瓷调味罐

该款调味罐分不同系列，主要是将四川博物院LOGO和具有四川文化代表性的元素如川剧脸谱、四川汉代画像砖等相结合。如调味罐上刻有西周象首耳兽面纹铜罍图案、东汉车马过桥画像砖图案、川剧脸谱关公和曹操图案等，观众将该款产品带回家或馈赠亲友，能在日常居家生活中体味到四川文化和川博文化的魅力。产品规格10厘米 × 7厘米，零售价20元。

（八）青花瓷香薰和分酒器

该款产品创意源自馆藏文物明代青花执壶和青花莲鹤纹素狮纽熏炉。制作工艺为原样缩小比例复制青花执壶和熏炉，采用瓷器贴花工艺，明代青花执壶用作分酒器使用，青花莲鹤纹素狮纽熏炉用作香薰使用。这两款产品不仅可以原样再现明代青花的风采，且颇具实用性。

二、文创产品开发经验

（一）将文创作为宣传地方文化重要手段

2008年5月，四川博物院新馆开馆的同时，就把文化创意产品的开发、研制、销售和宣传作为重要工作之一纳入全院每年的工作计划。这一工作得到四川省文化厅、省文物管理局的大力支持和指导。四川省委、省政府、省文化厅、省文物管理局一贯强调博物馆在办好展览做好学术研究和社会教育的同时，把为公众提供文化创意产品作为弘扬中华传统文化，挖掘和发扬巴蜀文化，宣传四川介绍四川的一项重要工作。近几年，除省文化厅和省财政厅每年给予四川博物院经费支持外，省委宣传部主动了解考察四川博物院，拨出专项资金支持博物院利用和挖掘巴蜀元素，研发制作公众喜闻乐见的各种文化产品。

（二）多方助力推动博物院文化产品研发

四川博物院积极健全文创产业的管理机构，责成一位院领导分管文化创意工作，并设立专门的部门负责该项工作，由专门的团队来推动。在经营模式和运行模式上，进行了较长时间的摸索。博物院是事业单位、公共文化服务和教育机构，财政资金不能用于经营，也不具备相应企业和工商执照等市场经营资质，不能从事实际经营。四川博物院采取多渠道的文化产品研发模式，一是依托省文化厅向该院托管的四川文化经济发展总公司，利用省委宣传部支持的专项资金，建立团队，与从事文创产品设计和制作的企业单位合作，由该院承担设计，由企业制作，市场化营销。二是利用四川博物院一些空间，通过招商程序引进具有一定文创经验和资金实力、致力于文创产业发展的企业和团队，利用馆藏藏品挖掘巴蜀文化元素，研发制作销售文化产品。三是每年与成都移动公司联合举办“校园文化创意大赛”以推动文化创意。该活动已连续举办三届，众多学校和学生积极参加，丰富多彩的动脑筋巧设计，为该院提供了大量的巴蜀元素和馆藏藏品元素的文化创意设计，推动了该院文化产品的创新，丰富了文创产品的种类。

（三）加强文化产品研发工作规范化管理

四川博物院严格强化文创产品研发和营销的管理，将文创产品的研发制作纳入部门管理，对研发经费、制作经费、购买经费等分别纳入不同部室进行管理。对于引进文创研发制作销售单位，由该院产业办负责联系典藏部、公众教育服务部、纪检、督察、职工代表等对所推荐单位进行逐一考察，从备选企业的设计力量、制作工艺到每类产品的制作数量和价格进行公开公正的考察，为监督部门和职工全面了解相关信息提供了渠道，扩大了他们的参与权、知情权、审定权和监督权，使企业引进工作严格依照程序进行，使财政补助经费精打细算，确保全部用于文化产品的研发。

（四）重点面向大众研发文化产品

四川博物院研发文创产品主要面向普通民众，重点是为社会公众提供学习用品、生活用品、装饰用品几大类。四川博物院坚持“公众的需求就是我们的追求”的理念，对公众需求进行细分，一部分比较高档的特色创意产品面向高端需求者，同时充分考虑普通老百姓的购买和承受能力，努力降低设计制作成本，立足于创意产品的文化传播功能，吸引更多的公众走近博物馆，使他们在旅游、穿戴、家装摆设、馈赠亲友和收藏等方面都能得到满足。同时，四川博物院研发了适合于博物馆之间馆际交流和境外参观者、旅游者购买的产品。

（五）注重知识产权的保护

四川博物院始终坚持版权专利的维护，不断加强知识产权方面的学习和摸索，派员参加版权专利维护方面的培训，完善相关规章制度，利用法律法规、合同条款规避相应风险，保护自身知识产权相关合法权益不受侵害。

浙江省博物馆

浙江省博物馆创建于1929年，原名“浙江省立西湖博物馆”，为中国最早建立的博物馆之一，是浙江省内规模最大的综合性人文科学博物馆，也是国家一级博物馆和中央地方共建国家级博物馆。浙江省博物馆孤山馆区位于西湖孤山南麓，馆区西侧为全国重点文物保护单位，清代皇家藏书楼——文澜阁，东侧为1999年建成的浙江西湖美术馆。武林馆区位于市中心西湖文化广场，建于2009年。此外，浙江省博物馆馆舍还包括栖霞岭的黄宾虹纪念室、龙游路的沙孟海旧居、古荡文物保护科研基地等，总建筑面积达4万多平方米。2004年1月1日，浙江省博物馆在全国省级博物馆中率先实行常年免费开放，为中国博物馆事业的发展进行了积极的探索和实践。

浙江省博物館
ZHEJIANG PROVINCIAL MUSEUM

浙江省博物馆是浙江省内最大的集收藏、陈列、研究于一体的综合性人文科学博物馆。馆藏文物10万余件，文物品类丰富，年代序列完整。其中一级品158件。藏品包括新石器时代河姆渡文化的人工栽培的水稻、古器、木器和漆器，良渚文化的玉器、绸片和麻布，春秋战国时期的各种青铜兵器、农具、印纹陶、原始瓷，南宋的金银货币，以及明清书画家的作品等。馆内丰富的藏品反映了浙江各个历史时期的政治、经济、文化面貌，显现出本区域深厚的文化底蕴。

一、代表文创产品

近年来，浙江省博物馆在文创产品的开发上加大了投资力度，丰富了开发的产品种类，以满足不同阶层消费者的需求，并希望通过文创产品吸引更多的人关注博物馆。

（一）仿元龙泉窑梅子青釉葫芦瓶

仿元龙泉窑梅子青釉葫芦瓶是配合2012年“惠世天工——中国古代发明创造文物特展”之中国古代酒文化而设计制作的文化产品。由国家级工艺美术大师毛正聪先生设计、烧制，取形于元代龙泉窑梅子青釉葫芦瓶，既可盛放酒水，同时又是一件雅致的陈设品。造型之优雅，釉色之莹润，堪称一绝。因成熟的葫芦里籽实很多，而“葫芦”又与“护禄”、“福禄”谐音，故此葫芦形青瓷瓶具有“子孙繁衍，福禄万代”的吉祥寓意。

（二）仿宋菊瓣纹银盏

仿宋菊瓣纹银盏是为配合2012年“惠世天工——中国古代发明创造文物特展”而设计制作的衍生产品。银盏口呈多曲状，共二十六曲，弧腹，呈凸起的菊花瓣形状，圈足亦是做成菊花瓣状。菊瓣银盏为宋代金银器中常见器形之一，是精美的仿生器，其内底饰花蕊纹，将器物的造型和纹饰有机结合起来，使盏体似一朵盛开的菊花。银盏以锤揲工艺成型，器身与器足分别制作，再焊接成一体。此仿宋代菊瓣纹银盏用118克纯度99.99％的白银以1 ∶ 1的比例精制而成。

（三）仿元龙泉窑舟形砚滴

砚滴也称水注，是一种文房用品，用于砚台磨墨添水。龙泉窑是饮誉中外的青瓷名窑，以其中心产地在浙江龙泉而得名。它创烧于北宋，南宋至明代早期为鼎盛期，明代中后期走向衰落。龙泉青瓷以烧造美若碧玉的粉青、梅子青釉而名扬万代。这件舟形砚滴出土于龙泉，胎质细腻洁白，釉层肥厚，呈粉青色，系浙江省博物馆十大镇馆之宝之一。它造型上运用写实手法，将一件文房用品塑造成一叶漂荡在水面上的扁舟。船舱内有二人端坐闲话，舱外则有一位着蓑衣的船夫，正攀爬篷顶，欲取下上面的斗笠。人物形象静中有动，动中寓静，给人以静谧的乡野气息。古代瓷质砚滴的造型大都比较简单，如此造型奇特、内涵丰富而又做工考究、釉色润泽的砚滴是绝无仅有的。

此仿制品由国家级工艺大师毛正聪先生制作，浙江省博物馆监制，颇具收藏价值。

（四）《富春山居图》艺术黄金合璧典藏版

《富春山居图》系“元四家之首”的黄公望为无用禅师所作。它以水墨描写富春江两岸初秋景色，峰峦冈阜、陂陀沙渚，林木葱郁，疏密有致，是黄公望水墨山水之巨作。此卷虽是原作起首的一部分，但画面中所描写的山水风光仍能体现黄公望超凡脱俗的笔墨技巧，基本可以构成一幅独立的作品。《富春山居图》卷在数百年流传中饱经沧桑。明成化年间该图卷一度为沈周收藏。弘治

元年，为苏州节推范舜举所有。隆庆四年，落于无锡谈志伊处。万历二十四年，归于董其昌，不久转给宜兴收藏家吴之矩，再传其子吴洪裕。吴洪裕视为至宝，病危时竟以此图投火为殉，幸被其侄从炉火中抢出，惜前段数尺已焚毁。焚后分为两段，前段即此卷，又称《剩山图》，1956年为浙江省文物管理委员会征集，后转为浙江省博物馆收藏，成为十大镇馆之宝之一。后段长636.9厘米，现藏于台北故宫博物院。2011年两段作品在分离了300多年后首次在台北合璧展出，万众瞩目。

《富春山居图》艺术黄金合璧典藏版作品是目前唯一获得台北故宫博物院、浙江省博物馆双授权，由中金国礼设计制作的艺术黄金作品。《富春山居图》艺术黄金合璧典藏版在纤毫之间，展示出现代黄金工艺的尊崇永恒，更打造出无与伦比的中国书画艺术之美。其中1∶1比例的作品气势恢宏，100公斤黄金铺陈的画卷将传世名画的风采与神韵表现得淋漓尽致。1∶9作品金镂玉勾，将黄金、天然和田玉、花梨木、天然玛瑙等尊贵材质融入中国书画艺术的意境之中，方寸之间，让人惊叹黄金工艺之精，创作之巧。

（五）《富春山居图》（《剩山图》）收藏版真丝方巾

此款围巾也是为《富春山居图》赴台展而设计的衍生产品，由浙江著名企业万事利丝绸礼品有限公司制作。杭州素有“丝绸之府”的美誉，丝绸历史悠久。早在秦汉时期，余杭的丝绸织造就相当发达。冰心老人曾说过：“在浙言

商，首推丝绸。”杭州是国家命名的“六大绸都”之一，在丝织业中占据着重要的地位。将名画与丝绸相结合，把《富春山居图》(《剩山图》)卷的画作中心部分与丝巾图案进行组合，配色古朴而不失大气，使古典与现代巧妙地、完美地融合在一起。产品采用百分之百桑蚕丝制作而成，既凸显了独具匠心的设计和现代感，又不失实用价值。

（六）《西湖十景》团扇

此团扇以馆藏清代画家董诰的《西湖十景》作品为原型设计。董诰，浙江富阳人，是清中期著名词臣、御用书画家董邦达之子。为清代著名的政治家、书画家兼诗人。他的画风工稳严谨，轻缓自然而恰到好处。

西湖十景是浙江杭州著名的景点，包括苏堤春晓、断桥残雪、曲院风荷、平湖秋月、柳浪闻莺、花港观鱼、雷峰夕照、双峰插云、南屏晚钟、三潭印月。十景形成于南宋，为史上众多文人画家所钟爱，并创作了许多知名的作品流传至今。董诰的《西湖十景》折页，精巧自然，作品中流露出一种静穆安详的气息。

团扇采用进口宣纸、竹、木等材料制作。把西湖十景的每处景点一一展现在小小的扇面之上，让市民游客在参观同时就可以把这些画中的美景“带回家”。是浙博的产品中颇受欢迎的商品之一。

（七）“西湖十景”红木书签

此款红木书签取材于馆藏清代画家董诰的《西湖十景》作品。一直以来在人们的印象中书签多以纸质为主，用来标识书本，因其方便小巧，颇受大众喜爱。这款《西湖十景》红木书签采用酸枝木为原料，材质新颖，文人气息浓郁，把杭州著名的十景刻于红木书签上，配以纸制的独立包装，精巧的仿绿松石流苏，古朴而有书香气息，传统、常见的书签被赋予一种新的形象展现在大众面前，独具匠心。

（八）《西湖十景》手提袋、化妆包

贴近社会审美和生活情趣的博物馆纺织类文化创意产品正在作为日常生活用品赢得大众的青睐，紧密地联系着博物馆与大众之间的关系。以馆藏清代画家董诰的《西湖十景》为设计原型制作的《西湖十景》手提袋、化妆包，把古代西湖的一幅幅美景融合在现代女性使用的化妆包和手提袋中，在古朴典雅的图案中透出时尚的气息。产品以较为经济实惠的艺术姿态走入大众的生活，满足了消费者对于博物馆衍生品的日常生活审美认同与需求。《西湖十景》手提袋一方面体

现出产品的形象亲民，在满足好奇心的同时促进讨论进而实现社会教育目的，另一方面游客发生购买行为之后，将藏品的文化历史蕴涵带到了日常生活中，通过大众的口口相传来延伸博物馆的理念。

（九）《中国历朝古钱币》珍藏册

千百年来，我们祖先为后人留下了大量的钱币实物。它们既是历史的见证，又是中华民族传统文化中的瑰宝，弥足珍贵。

《中国历朝古钱币》珍藏册由浙博和上海锦泉珠宝有限公司联合出品，共收钱币38枚，历史跨度长达2000余年，内涵丰富，有铜钱、铜元、银币、镍币等多种，同时辅以珍贵的钱币图片和系统的文字说明，集知识性、艺术性、鉴赏性于一体，全面反映了悠久的中国钱币历史和多彩的中国钱币文化，是一部形象的中国钱币史话。

《中国历朝古钱币》珍藏册中的钱币经浙江省文物鉴定委员会鉴定，均属真品，并编号限量发行5999套，具有很高的收藏价值。

（十）“纪念黄宾虹诞辰150周年展”名木镇纸

黄宾虹先生是中国著名的国画艺术大师，生于浙江金华。由于其在美术史上的突出贡献，在其90岁寿辰时，国家授予其“中国人民优秀的画家”荣誉称号，是20世纪传统中国画四大家之一。2015年正值黄宾虹先生诞辰150周年，逝世60周年，浙江省博物馆推出了一系列相关活动，其中就包括在西湖美术馆举办的“纪念黄宾虹诞辰150周年作品展”。展出了大批画家不同时期的代表作品，展现了黄宾虹丰富的艺术人生，让观众看到了山水画一代宗师非凡的艺术造诣。

浙博随展开发了50余款相关的衍生产品，黄宾虹作品红木水晶镇纸就是其中较受欢迎的一款。镇纸采用酸枝、紫光檀为原料，配以水晶镶嵌的黄宾虹书、画、印作品，质地考究，做工精细，并带有淡淡的名木清香。产品推出后深受广大书画爱好者喜爱，既是实用品也不失为书桌上的精美摆设。镇纸分为长款、短款、长款对镇套装、短款对镇套装等不同形式的包装供观众选购。

二、文创产品开发经验

（一）文创产品开发概况

浙江省博物馆文化产品研发起步于20世纪90年代中期。文创产品研发始于2009年，产品设计立足于自身藏品和浙江特色。浙博拥有孤山馆区西湖美术馆书店、武林馆区文博书店、武林馆区休闲茶吧，2013年新开辟了文澜阁茶室和商店，为市民、游客提供了多种文化休闲场所。

商店经营品种丰富，包括文博书籍、仿古瓷器、仿古字画、仿古玉器、现代艺术品及纪念品等。近年来，浙博不断开发多层次的博物馆文创产品，除本馆藏品外，也为引进的特色展览制作相关文创产品。既为宣传博物馆文化起到了一定的作用，也满足了广大文博爱好者的不同需求。

浙江省博物馆的文创产品近年来也获得了不少的荣誉。在2012“（国际）第五届博物馆及相关产品与技术博览会”上获得“最佳展示奖”；在2014“第六届博物馆及相关产品与技术博览会”上受到各界领导专家的好评，获得“弘博奖·2014博博会最佳展示奖"、"弘博奖·2014博博会博物馆十佳商店奖"、"弘博奖·2014博博会博物馆十佳文创产品奖"；在"第9届中国（义乌）文化产品交易会"上荣获"最佳参展单位奖"。在2014年"丝路·长安"国际文化创意周暨第二届"中国创意"产品大赛中荣获"文化传承奖"；"西湖十景"真丝围巾入围第二届"全国博物馆文化产品创意设计推广活动"；在2015年第10届中国（义乌）文化产品交易会上获得组委会颁发的"最佳参展企业（单位）金奖"及"工艺美术金奖"；在山西太原举办的第二届山西文化产业博览交易会上获组委会颁发"优秀展示奖"；在厦门举办的第八届"海峡两岸（厦门）文化产业博览交易会"上获得组委会颁发博物馆展区文创产品"最佳创意奖"及博物馆展区"优秀组织奖"；在"第九届（2015）西湖文博会"上被评为"最佳分会场"；在"2015广州国际文物博物馆版权交易博览会"上被评为"最佳人气奖"。

（二）亮点做法

1.研发设计

博物馆是一个城市的历史缩影，是当地历史文化的收藏者和传承者，所要传达的都是本土的历史文化和民俗风情。在尊重历史文化的基础上，开发具有地域特色的文创产品才能彰显博物馆的文化个性。浙江省博物馆的"富春山居图"系列文化产品、"西湖十景"系列文化产品、黄宾虹系列文化产品等都是特有的、独一无二的。注重馆藏特色是浙博首先考虑的第一因素。

其次，产品的种类要高档化与平民化相结合，也就是要昂贵与价廉两手抓，开发满足不同公众需求的文化产品。例如浙江省博物馆的菊瓣银盏和黄金版《富春山居图》等贵金属商品就针对需要高档化产品的消费群体，有独具一格的观赏性。而"西湖十景"团扇、明信片、书签等相对价位较低，更容易激发大众消费的欲望，满足他们的消费需求。

再次，浙博的产品兼具观赏性与实用性。既要突出藏品、展览的特色，又要有艺术性与实用性。例如浙博的"西湖十景"手提袋、钥匙扣、吴昌硕作品笔记本、书签等，内容与形式多样，设计上雅俗共赏又包含了博物馆元素，使产品具备艺术欣赏价值的同时也发挥着更大的实用性。

最后，在商品的质量上浙博一直严格把关，无论是产品、标识、外包装等都力求做工精良，因为每一件商品生产出来，交付到消费者手中，商品就间接代表了浙江省博物馆，就要体现出博物馆在大众心中的良好形象。

2.经营销售

浙江省博物馆本着让观众“把博物馆带回家”的经营理念，不断完善经营模式。

2012年浙江省博物馆首先成为中国大陆实行图像艺术授权这一新的合作方式的博物馆，与台北故宫博物院联合双授权深圳中金国礼公司，用黄金限量打造了合璧版的《富春山居图》，全球发行轰动一时。博物馆艺术授权正越来越广泛地应用于各个领域，学习借鉴国外博物馆优秀的个案，与外界合作，建立稳定的合作关系，不仅可以扩充产品种类，而且可以强强联合，扬长避短，起到事半功倍的效果。

实施整合营销，建立合作联盟。博物馆是一个储存资源与开发资源的场所，博物馆的文创产业就是将博物馆资源进行整合利用，实现多元化的市场价值。营销以展览和产品为中心，通过馆际合作以及与企业事业单位的合作，实现优势互补。不定期的临展和巡展使产品跟随展览营销，例如与兄弟省份博物馆、美术馆、纪念馆等进行合作办展，相关产品伴随展览始末。化被动为主动，建立良好的合作关系，为文创产品的营销开辟更大更广的空间。

山西博物院

山西博物院创建于1919年，前身是山西教育图书博物馆，是中国最早设立的博物馆之一。新馆于2005年对外开放，2008年向公众免费开放，并入选国家一级博物馆，是山西省最大的文物收藏、保护、研究和展示中心。年接待量达110万人次。2009年入选中央地方共建国家级博物馆。2013年荣获“全国最具创新力博物馆”称号。

山西博物院基本陈列以“晋魂”为主题，由文明摇篮、夏商踪迹、晋国霸业、民族熔炉、佛风遗韵、戏曲故乡、明清晋商7个历史文化专题和土木华章、山川精英、翰墨丹青、方圆世界、瓷苑艺葩5个艺术专题构成。紧紧抓住山西历史文化长河中的“亮点”重点展示，打破传统陈列模式，以物代史，史物结合，突出了山西地域历史文化与文物资源特色，是山西博物院的主题展览和文化品牌。

山西博物院
SHANXI MUSEUM

山西是华夏文明的主要发祥地之一，拥有得天独厚的历史文化资源。山西博物院有着丰富的馆藏，馆藏文物40余万件，荟萃了全省文物精华，凝聚了山西乃至黄河中游、中国北方百万年历史发展与文化积淀之精华。其中一级文物1692件（套），二级文物1186件（套），三级文物34826件（套）。其中旧石器时代文物、新石器时代陶寺遗址文物、商代方国文物、两周时期晋及三晋文物、北朝文物、石刻造像、山西地方陶瓷、琉璃和法华、金元戏曲文物、明清晋商文物等颇具特色。

近年来，山西博物院有计划地征集和接受多批高质量的文物和艺术品。其中包括征集的北朝和宋金壁画、砖雕，北朝石刻佛头像；接受著名画家苏高礼先生捐赠油画及素描作品，张培林先生捐赠的太行山系列绘画作品等，使得馆藏文物体系更加完善。另外，院藏图书近16万册，古籍、民国书籍11万余册，其中善本625种5045册。2008年，山西博物院入选第一批“全国古籍重点保护单位”。其中，院藏宋刻本开宝藏《大般若波罗蜜多经》等40部古籍入选《国家珍贵古籍名录》，69部古籍入选《山西省珍贵古籍名录》。

一、代表文创产品

近年来，山西博物院通过市场调研和运营实践，充分了解观众的需求和馆藏优势资源，以扎实的学术科研为支持，在文创产品的研发、设计、营销方面加大力度，打造出多系列的实用、环保的特色品牌文创产品。希望通过品牌文创产品的力量，将博物馆文化延伸到公众生活的方方面面，吸引更多的公众关注博物馆，走进博物馆，爱上博物馆。

（一）“可爱鸮卣”填色存钱罐

2011年4月，山西博物院馆藏石楼县二郎坡村出土商代青铜鸮卣在新浪微博上引起广泛关注，网友称其外形酷似网络游戏里“愤怒的小鸟”，是最“萌”的文物。

设计团队准确把握“萌”文物的时尚潮流，将鸮卣原型做卡通化的设计和延伸，通过拟人态的手法来表现文物的造型和纹饰，研发出书签、玩偶、T恤衫、钥匙链等文具、玩具、服饰商品。

“可爱鸮卣”填色存钱罐是最受青少年喜爱的“可爱鸮卣”系列文创产品之一。本产品采用陶瓷制作工艺，用较为低廉的成本定位35元零售价格的大众

消费区间，年销售数量可达1500个左右。该产品通过DIY填彩互动的形式完成产品创作，辅以存钱罐这一实用功能，从而使更多的年轻观众关注文物，了解山西悠久的历史文化。

“可爱鸮卣”系列文创产品先后荣获“2013年山西省旅游纪念品设计大赛”金奖，2014年第六届博物馆及相关产品与技术博览会“十佳文创产品”等荣誉。

（二）“晋侯鸟尊”系列——鸟尊考古玩具

西周早期第一代晋侯燮父墓地出土的鸟尊，是一件兼具艺术、历史研究价值的中国古代青铜艺术珍品，山西博物院的院徽设计灵感即源于此。设计团队针对“晋侯鸟尊”开发了近20种的系列文创产品，涵盖青铜高仿、饰品配件、生活摆件、趣味生活品、益智玩具、学生文具等。作为镇馆之宝的晋侯鸟尊，受到公众的普遍关注和喜爱。

鸟尊考古玩具作为该系列文创产品中具有代表性的一件，采用寓教于乐的形式，让孩子模拟考古挖掘过程等一系列的实践，激发他们对考古的兴趣与热情。该产品售价56元，定位大众消费区间，消费者接受度高。“晋侯鸟尊”系列文创产品是参观山西博物院后的最佳纪念品，同时成为山西省各级政府的官方礼物和文博、旅游文化的象征之一。

（三）“仿西周玉组佩”系列——古龙佩

山西博物院藏晋侯墓地出土玉器是中原玉礼器的典型代表。玉的形制、材质、纹饰、雕工反映出中国古代礼制、玉文化、制玉技术。本系列产品遴选数种精品玉器如玉龙、玉鹿、玉虎、玉兔、玉马及玉璜、玉圭、龙纹玉环等西周瑞玉为原型，采用天然玉料和传统制玉工艺，开发出贴合公众消费习惯和审美品位的玉佩饰产品，将中国古代的玉文化与现代人的生活情趣、艺术审美结合起来。

为了满足更广泛的客户群体需求，该系列分高、中、低三个类别。高端产品选取天然的和田玉白玉籽料，由当代玉雕大师精心雕琢而成。选料考究，雕工精湛，更有大师落款，兼具艺术价值和收藏价值。中端产品选用和田碧玉，经复刻制玉大师原版手工雕刻的方式进行加工。在降低成本的同时，保证玉饰的质感和艺术特色。低端产品主要针对旅游人群和普通消费者，选用天然的白玉髓、玛瑙为材质，采用复刻制玉大师原版半手工雕刻的方式进行加工。该系列产品讲究真材实料，原汁原味，通过对不同价位材质的精心挑选，完美再现了中华玉石之美与传承。

（四）“傅山书法”系列——傅山书法马克杯

傅山，山西太原人，明清之际著名的思想家、书法家和医学家。在诗、文、书、画诸方面，皆善学妙用，造诣颇深。其知识领域之广、成就之大，在清初诸儒中，无出其右者。

“傅山系列”文创包括丝巾、马克杯、茶叶罐等类别，遴选馆藏傅山精品草书《酒阵茶枪次第陈》、《读宋》等为蓝本，将飘逸干练的书法作品整体或局部印刻在丝巾、白瓷马克杯以及锡制茶叶罐上，形象鲜明、元素高雅。丝巾采用百分之百桑蚕丝为材质，传统印染工艺，配色时尚大方，灵动飘逸，符合现代女性审美。马克杯使用环保陶瓷材料制作，工艺考究，双层陶瓷的结构避免了传统单层瓷杯倒入热水烫手的弊端，同时又起到了一定的保温作用，既展现了傅山书法的大气，又紧扣生活实用性这一基本属性，将傅山书法的文化符号带入生活，并通过独特色彩和创意引起了人们对山西传统大家文化高度关注，了解山西历史文化内涵。

（五）“艺术珐琅彩”系列——艺术手镯

山西古代青铜礼器、陶器纹饰古朴，古代建筑装饰华美，文创开发人员提取院藏精美青铜纹饰，如卷龙纹、凤鸟纹，彩陶器纹饰和古建筑装饰元素等，生产出“艺术珐琅”系列文创产品。

该系列包含吊坠、手镯等多种产品，根据纹饰蕴含的文化内涵，结合当代人的审美，精心搭配，设计线条优美、配色时尚优雅。手绘艺术珐琅手镯采用手绘珐琅工艺精心制作，质感好，售价在500元左右，实现售价与品质的平衡，深受女性消费者的喜爱。该系列产品致力于打造山西文化衍生精品，展现山西文化的独特魅力和艺术感召力，提升人们对山西传统文化的认知。同时，针对院藏山西古代书画中的精品，与英国珠宝设计师合作开发“花卉”系列珐琅艺术饰品，融合中国的传统文化与西方的设计理念，达到中西合璧的美学效

应，使山西的文化产品更具国际性、时尚性、市场性。“艺术珐琅彩”手镯荣获“2015中国旅游商品大赛”铜奖。

（六）LED艺术台灯系列——子夜歌图艺术台灯

中国的书画艺术具有深厚的文化传统和独特的民族韵味。“书画同源”——挥洒笔墨于尺幅，抒发人生感悟，展现心中“至善至美”世界。从院藏历代书画精品中遴选出的元、明、清三代佳作，虽属吉光片羽，却也大致可寻数百年中国书画的发展脉络。

该系列文创产品，共包含5款LED台灯，分别是慈悲佛首艺术台灯、子夜歌图艺术台灯、婴戏图艺术台灯、兰花图艺术台灯以及傅山书法艺术台灯。

比如，子夜歌图艺术台灯，采用高科技亚克力导光板，将馆藏绘画作品绘制其上，通过高科技导光板均匀细腻的光照，再现绘画作品的神韵，成为家居装饰品中极具品位和鉴赏性的一件艺术陈设。

（七）“莹净青花”系列雪花釉瓷器——雪花釉青花把莲纹盘

瓷器是土与火的结晶，是中国人的伟大发明。瓷器既是实用器又是艺术品，体现着时代风貌与人文色彩。明清彩瓷作为中国几千年陶瓷艺术的全面总结，种类繁多，造型别致，纹饰繁缛艳丽，釉色五彩缤纷，形成了强烈的中国气派和时代风格。

该系列产品选取馆藏瓷器青花瓷代表元素与纹饰，造型别致，纹饰简洁典雅，文化含义丰富；采用日式雪花釉工艺，色彩清新淡雅，装饰性与实用性完美融合。40元左右的售价定位于大众消费，使其成为人们日常生活家居装饰的上佳选择。合理的价位，精致的做工，实用的功能，让该系列产品的销量在旺季稳定在每月100件左右。

（八）千足金系列饰品——千足金鹿

山西古代青铜礼器、陶器纹饰古朴，古代建筑装饰华美，玉器种类繁多。文创开发人员提取院藏精美青铜纹饰，如卷龙纹、凤鸟纹，彩陶器纹饰、建筑纹饰和玉器造型，大胆启用新型工艺与材质，让金银饰品闪烁文化的光芒。

该系列包含吊坠、手珠等多种产品，根据纹饰蕴含的文化内涵，结合当代人的审美，精心搭配，设计线条优美的系列艺术饰品。千足金鹿采用当下最为流行的3D硬金制作，造型可爱灵动，细节表现细腻，寓意美好吉祥。该系列产品用较少的克重实现产品设计细节的完美呈现，同时又很好地将价格稳定在千元左右，紧扣国人消费心理，销售状况喜人。该系列努力打造山西文化创意精品，展现山西文化的独特魅力和艺术感召力，提升人们对山西传统文化的认知。

（九）“土木华章”系列产品——“土木华章”保温杯

山西素有“中国古代建筑宝库”的美誉。现存历代古建筑28000余座，雄浑壮美的唐、五代、辽建筑，严谨端丽的宋、金建筑，朴实豪放的元代建筑和精巧繁缛的明清建筑，或巍峨于通衢大邑，或隐逸于深山远村，成为历史变迁的无言见证。其中的彩塑、壁画和琉璃艺术，已与古建筑融为一体，珠联璧合，交相辉映。

“土木华章”系列是山西博物院商品部推出的第一个文博创意产品系列，它将山西省著名古建筑与省级非物质文化遗产广灵剪纸完美结合在一起。通过对山西省40余座著名古建筑进行实地考察和信息采集，经研发人员的提炼、设计、重构，紧扣古建筑的文化精髓和艺术特征，融合现代人的审美情趣，期望在一件件的文创产品上重现古建筑的艺术魅力。65元的“土木华章”保温杯，以实用性为主，契合广大消费者生活，并辅以精美、雅致的包装，配以详细的

文字说明，让“土木华章”保温杯成为代表性文创产品。至今该系列产品销售收入已累计40万元，其中不乏外地客人多次打电话购买，以及团购客人的商务礼品馈赠。

二、文创产品开发经验

（一）文创产品开发概况

2013年，山西博物院设立商品部，以服务大众、服务社会为宗旨，不断弘扬中国传统文化，树立山西博物院品牌形象，为满足观众多层次需求而提供多样性的文化服务。山西博物院以荟萃青铜器、陶瓷器、书画、玉器、金银器等种类的馆藏文物精华为设计元素，秉承“文化·创意·生活”的理念，潜心研发了一系列集观赏性、实用性、历史性、文化性和唯一性为特色的博物馆文化创意产品6个大类43小类400余种，范围涉及复仿艺术品、文房用品、传统手工艺品、丝织品、家居用品、时尚饰品、儿童用品、图书等产品，实现了公众“把博物馆文化带回家”的美好心愿，极大地宣传了博物馆文化，并取得了良好的社会效益。

山西博物院通过与山西西堂文化传播有限公司合作设立商品部，现有文创团队人员10名。双方利用各自的优势资源，通力合作，形成互补，不断地研发具有博物馆文化属性的文创产品。2013年推出了“傅山书法”系列、“仿西周玉组佩”系列、“晋侯鸟尊”系列等文创产品；2014年推出了“可爱鸮卣”系列、“艺术珐琅彩”系列、“平定砂器”系列等文创产品；2015年推出了精品文物LED艺术台灯系列、鸮卣千足金饰品系列、西周玉鹿千足金饰品系列、事事如意千足金饰品系列、仰韶文明千足金饰品系列以及青铜华彩艺术丝巾与领带系列等。目前除在馆内设有300平方米的博物馆商店外，山西博物院商品部淘宝网店已正式上线，并开通了山西博物院商品部公众微信平台，实现了实体销售与网络电商有效结合，使文创产品消费的终端延伸得更远，加快了博物馆文化进入家庭生活的步伐。

2013年，在山西省首届文化产业博览会和海峡两岸文博创意产业精品展上，山西博物院的产品分别获得“突出展示奖”和“文博创意产业精品展”二等奖。同年，在山西旅游纪念品创意设计大赛中，“鸮卣”系列和“平定砂器”系列文创产品分别荣获“晋善晋美山西礼物”金奖和银奖。在2014厦门博博会上，山西博物院的文创商店和产品荣获“中国博物馆最佳文创商店”和“中国博物馆十佳文创产品”。在2015厦门海峡两岸文博会上，山西博物院获得“最佳营销奖”。

（二）亮点做法

1.勤调查

山西的文创产业尚处于初期阶段，山西博物院商品部成立时日较短，需要多摸索、多积累经验，探索出自己的路子。市场调查与观众调查是必不可少的，以此来了解公众对博物馆文创产品的需求和期待，了解消费主体的年龄和地域分布结构，了解社会热点与公众对文创产品的反馈信息。

2.重设计

与国内一些著名的工艺大师、“非遗”传承人以及一些国际先锋设计师合作，将山西的传统工艺与现代审美设计理念进行结合。所推出的文物精品手绘艺术珐琅系列，仿西周玉组佩配饰系列、精品文物 LED 艺术台灯系列等都是极具设计特色的产品。

3.倡绿色

博物馆文创产品的受众和消费主体仍是青少年。博物馆的文创产品不仅是博物馆文化的宣传品，同样是传播博物馆绿色环保理念的教育工具。在保证产品安全和质量的前提下，大力提倡使用各种绿色环保材质。山西博物院2013年研发的“可爱鸮卣”玩偶填充材料就是使用安全环保的材料，2015年研发的精品文物 LED 艺术台灯系列体现了节能的环保理念。

4.显特色

博物馆文创产品是依托于博物馆馆藏资源而衍生出来的产品，应当体现出博物馆特色、地方特色和文化特色。山西博物院文创研发团队在市场调查的基础上，遴选备受公众认可的博物馆展品、藏品和山西历史文化、古建、民俗、非物质文化遗产元素，加以提炼，结合一流的设计理念，开发出时尚、现代的博物馆文创产品。如“晋侯鸟尊”系列、“可爱鸮卣”系列、“平定砂器”系列。

5.有格调

博物馆文创产品是一种以满足公众的精神文化需求为主，兼具实用性的商品。所以，要努力提升博物馆文创产品的质量，确保其品位和格调，形成博物馆文创产品的品牌效应和良好口碑。不能等同于一般的旅游纪念品。

湖北省博物馆

湖北省博物馆位于武汉东湖之滨，是全国8家中央地方共建的国家级博物馆之一，是湖北省唯一的省级综合性博物馆，也是全省最重要的文物收藏、研究和展示机构，为国家5A级旅游景区（点）。湖北省博物馆前身是新中国成立之初成立的湖北省人民科学馆。1953年3月，在原科学馆基础上成立湖北省博物馆（筹备处）。1963年1月，湖北省博物馆正式成立，陈列楼建成开放。1999年，编钟馆建成开放。2005年，楚文化馆建成开放。2007年，新馆综合陈列馆建成开放。

湖北省博物館
HUBEI PROVINCIAL MUSEUM

湖北省博物馆与湖北省文物考古研究所两个牌子一套班子。馆舍占地面积81909平方米，建筑面积49611平方米，展厅面积13427平方米。现收藏各类文物26万余件（套），其中一级文物995件（套），馆藏文物藏品数量和质量居全国博物馆前列。主要藏品包括青铜器、漆木器、竹简、金、玉器、陶、瓷器、字画等，器类齐全，富有地方特色和时代特征，基本反映了湖北地区古代文化的面貌。其中，一部分器物在中国古代文化发展史上具有举足轻重的地位，在国际上也享有较高声誉。此外，馆藏有文字、图片资料达13万余册（份），藏书14.7万余册（其中古籍10万余册），以及大量的影视资料。2007年博物馆率先免费开放以来，年均接待观众150万人次。

一、代表文创产品

（一）漆木雕龙凤纹盖豆（仿制品）

漆木雕龙凤纹盖豆是曾侯乙墓出土的代表性器物之一，全器分盖、身两部分，盖顶及双耳均采用仿铜的浮雕工艺。盖顶浮雕三条蟠龙；方耳的内外侧、两旁及顶部正面，均浮雕出龙纹装饰，头、目、嘴、角、鳞均刻画入微，各具形态，若隐若现，犹如浮动于云彩之中，极为生动。全器造型典雅，色彩鲜艳，纹饰繁缛、图案绚烂，具有极高的艺术价值和观赏价值。漆木雕龙凤纹盖豆仿制品的设计和制作，传承了原文物的诸多工艺精华。

（二）凤鸟花卉纹丝巾

该丝巾纹饰出自湖北马山一号墓，见于凤鸟花卉纹绣浅黄绢面棉袍。三头凤鸟花卉纹绣袍面，图案由三头凤鸟和花枝组成，三头凤鸟张翅作站立状，长颈大腹，花冠、花缨垂于凤鸟两侧，造型生动，张翅欲飞腾，花枝招展，神异灵动，色彩典雅。

（三）卧鹿首饰架

卧鹿造型源自随州曾侯乙墓出土文物。鹿是中国古人想象的瑞兽麒麟的原型，鹿本身很漂亮，用作首饰架的造型更富有生活情趣。在中国，鹿的发音与“禄”相近。“福禄”是官职和财富的代表，是人们对美好生活的希望，因此，鹿自然就成为人们祈求仕途顺利腾达的吉祥物。

（四）自拍杆

此自拍杆造型取材于湖北省博物馆馆藏文物——秦汉漆器。“彩绘木雕鸳鸯盒”更是秦汉漆器中的经典，此款设计将历史素材与流行元素有机结合，是另一种时尚潮流的体验，颇受数码控们追捧。

（五）富贵满满笔筒

古代各种精美的装饰图案，人们都赋予它美好的寓意，这寄托了他们对幸福、吉祥、美满的追求和向往。笔筒上的图案取材于馆藏经典装饰图案，寓意吉祥。此款文创产品集合笔筒、名片座、手机架等功能于一身，极具观赏和使用价值。

（六）地毯式多功能垫系列

中国青铜器具有独特的造型。青铜器作为容器主要用做食器、酒器、礼器等，可称作“铜缶”、“铜簋”、“铜盖豆”等。青铜器上布满了饕餮纹或人形与兽面结合的纹饰，反映了人类从原始野蛮状态向文明过渡的情景。中国青铜器制作精美，在世界青铜器中享有极高的声誉和艺术价值。地毯式多功能垫的图案设计取材于湖北省博物馆馆藏文物——青铜器。湖北博物馆文创人员利用青铜器上的各种精美图案研发各式各样的实用文化创意产品，使具有鲜明中华特色的文化元素得以传承。

（七）越王勾践剑（仿制品）

越王勾践剑是与勾践这位著名历史人物密切相关的一件绝世珍宝。此剑剑身有两行八字鸟篆铭文“越王鸠浅（勾践），自乍（作）用剑”。它不仅花纹精美，刃薄锋利，且深埋于地下两千多年而不锈，并保持着耀目的光泽。典藏名剑仿制品，是满足收藏爱好者之需的文创精品。

（八）元青花四爱图梅瓶（仿制品）

元青花四爱图梅瓶小口外撇，短颈丰肩，圈足平底。瓶身肩部饰凤穿牡丹；腹部分别绘有王羲之爱兰图、陶渊明爱菊图、周敦颐爱莲图、林和靖爱梅鹤图；底部饰仰覆莲纹，三层纹样以卷草纹、锦带纹为界。色彩白釉泛青，青翠艳丽，其造型、纹饰风格、青料发色为典型元青花特征，是不可多得的元代青花瓷器中的珍品。仿制品传承了元青花的传统工艺。

（九）青铜鹿角立鹤（仿制品）

鹿角立鹤为青铜铸制，1978年湖北随县（今随州市曾都区）曾侯乙墓出土。该器造型别致，由鹤身、鹤腿、鹿角、底板四部分榫接组成，鹤的头、颈与鹿角均错金装饰，背脊与双翅周边镶嵌绿松石。中国古代视鹤、鹿为瑞祥，此为鹿、鹤合体，全器造型别致，是想象的吉祥动物。“鹿角立鹤”还被随州市定为城市标志，2007年第八届中国艺术节的吉祥物“楚楚”就是以鹿鹤为原型。

二、文创产品开发经验

（一）立足博物馆公共文化传播

博物馆文化产品是博物馆为社会提供文化服务的重要方式，是博物馆文化传播功能的具体延伸，也是博物馆可持续发展的内在要求。博物馆可通过文化产品作为媒介，把展览的信息传达给观众，帮助观众进一步了解和认识展览。博物馆作为公共服务机构，应根据公众的精神文化需求，重视文化产品开发，精心设计质量上乘、品类多样、雅俗共赏的文化产品。在复仿制品的设计和制作上，要以社会影响力较强的“镇馆之宝”为素材，力求忠实、精准、清晰、逼真地表达文物的神韵和风采，打造制作工艺精湛、具有收藏鉴赏价值的高仿精品。在配合展览开发的文化商品上，包括工艺品、纪念品，要立足公众的文化审美需求，充分考虑公众的购买能力和文化产品的实用性，提取展品所包含的文化符号，通过多种方式附着在大众化的具有实用性的文化产品上。让观众在参观展览、欣赏文物的同时，“把博物馆带回家”。

（二）着力提升研发能力

自20世纪80年代起，湖北省博物馆就成立了博物馆商店，提供文创产品及相关服务，2003年更名为市场部。为加大文化产品的开发力度，2012年，组建了文化产品开发专门班子，成立研发机构，陆续开发了具有博物馆文化元素的产品：青铜器、漆器、玉器、文具、生活用具等八大类、200余个品种的商品投入市场，满足观众“把博物馆带回家”的需求。其次借助社会力量和资源，提高研发能力。博物馆成功地举办了两届文化产品创意大赛。大赛的成功举办，不仅扩大了博物馆在社会上的影响，而且聚集了一大批有兴趣从事博物馆文化产品开发的团体和个人，并且产生了一批有创意的文化产品。目前，不少获奖作品已经转化为产品并投入市场销售。与此同时，加强馆际之间及省际之间的文化交流，多次参加各种文化产品博览会，借助更大的平台展示湖北省博物馆楚文化产品的风采，在社会上产生了一定的影响，并多次获奖，取得了良好的社会效益和经济效益。

湖北省博物馆的文化产品开发，以藏品为基础，注重文化内涵的挖掘，有创新意识，整合资源配合展览研发，与厂商合作开发，利用一切可以利用的资源为博物馆打造文化品牌。目前博物馆文化产品年销售额500余万元。

（三）采取灵活多样的营销方式

商品营销的成败不但与商品的性能、质量、价格有关，也与店铺的销售策略、销售方式等有着密切关系。因此，不错的商品若销售策略不当，照样不能被消费者所接纳；反之，店铺的服务质量、销售策略都无瑕疵，但商品的质量、性能、价格等方面不尽如人意，同样也不会得到消费者的认可。商品在价廉物美的情况下，起决定作用的将是店铺的销售策略。湖北省博物馆针对博物馆业务特点调整经营方式，拓展销售渠道，进行了一系列有益尝试，收到较好效果。

1.配合展览销售法

博物馆每年按照展览计划安排临展的文创产品研发及销售，取得了较好的成绩。

2.饥渴促销法

俗话说“物以稀为贵”，越是得不到的越是好的。饥渴营销主要是通过各种限量策略或限时策略，以充分引起消费者的关注和重视，激发消费者的购买欲望。湖北省博物馆在2008年首次尝试限量版的越王勾践剑，一经推出，便大获成功，每年能为湖北省博物馆贡献100多万元的销售额。

3.加工销售法

加工销售法即对某些滞销商品按顾客的要求进行改造或深加工，然后再投放市场。比如有些大量采购的商品，由于顾客无法接受大包装的商品数量，因而形成滞销，这时就可将大包装商品拆散成小包装，如文具等小商品便采用这种办法，效果不错。

4.馆际交流销售法

商品采购有时候会受到起订量的制约，如果有些商品因采购量大暂时形成积压，可考虑馆际交流销售。这样既可扩大产品销售范围，丰富兄弟馆产品种类，又可减少库存压力。湖北省博物馆几年来分别与中国国家博物馆及湖南、吉林、荆州、随州、恩施等地博物馆合作，既减少了库存，又拓展了市场。例如，与荆州博物馆、黄石博物馆、恩施州博物馆等建立了良好的合作关系，并帮助恩施州博物馆成立了商品销售部，提供文创产品，进行商品陈列，培训销售人员。这些举措，取得了较好的社会效益和经济效益。

5.节庆促销法

利用相关节日举办促销活动。如“六一”儿童节、“5·18”国际博物馆日、中国文化遗产日等，都是针对特定人群展开促销的良好时机，效果显著。

6.服务销售法

这一办法的核心是培育消费者的消费需求，通过举办培训班、讲座、现场咨询、技术辅导等方式让顾客了解商品的使用，解除消费者的后顾之忧，从而促使消费者购买商品。

7.示范销售法

示范销售法就是厂家或店铺的工作人员现场示范某种商品的使用方法或演示商品所能达到的效果，以求吸引顾客的注意力，激发他们的购买欲望。如湖北省博物馆销售编钟、编磬等商品，可以让销售员进行现场演奏示范，吸引观众关注，也是很好的促销手段。

8.让利销售法

对一些库存较多且滞销的商品，为减少库存量，利用双休日、节假日等，尝试花车打折促销活动并将多年积压的商品进行淘宝特价销售，受到观众的欢迎。

9.迂回销售法

这是一种积蓄购买群体的销售方法，看上去不是在推销商品，但实际上仍以销售商品为目的。比如有些推销儿童智力玩具的商店，专门设置一个场所让儿童们免费玩玩具，并有专人辅导。一旦孩子们对智力玩具有了兴趣，父母多半会花钱购买。

10.组合销售法

组合销售法就是将类型相近、使用起来具有配合作用的商品组合在一起销售，以图一次卖出多件商品。

11.编钟演奏

编钟演奏是湖北省博物馆让文物活起来的又一新亮点，从推出之初就深受观众喜爱。曾出访过日本、新加坡、卢森堡、法国、美国、英国、德国、中国台湾和中国香港等十几个国家和地区，现已成为湖北省博物馆对外交流的一张亮丽名片，用音乐文物架起了一座与观众沟通的桥梁，也对编钟复制品销售起到了促销作用。

（四）强化管理促进创新

随着博物馆文化产业的迅猛发展，过去的经营管理办法以及传统的柜台销售模式已成为博物馆文化产业发展的瓶颈，也越来越不能满足现代博物馆经营管理的要求。博物馆文化产业的经营管理、财务管理、库房管理、采购管理、客户管理、监控管理、人员管理等都迫切需要引进现代化的管理手段，才能适应当今产业的发展需求。为切实改变这种状况，湖北省博物馆投入近80万元对卖场进行改造，投入近40万元对商品进、销、存系统进行数字化管理。改过去传统的柜台销售模式为开架式销售模式，经营管理也全部采用现代商业管理模式。这些新举措也促进了部门员工的各项工作技能的全面提升，增强了他们的责任感和使命感，改变了员工的传统销售观念。

针对市场部经营管理活动中出现的新情况、新问题，湖北省博物馆先后修改和制定了各项管理制度。如卖场工作行为准则、销售工作流程与规范、柜组长岗位职责、收银员岗位职责、理货员及巡视员岗位职责、后台操作员岗位职责、库房管理员岗位职责、商品进出管理办法、卖场折扣权限管理、卖场安全应急措施等。为保证以上各项规章制度能顺利付诸实施，湖北省博物馆进行了深入的调研，广泛征求部门职工意见，并组织部门全体职工对新的规章制度进行学习讨论，然后根据反馈意见修改定稿，最后付诸实施。这些制度的实施，确保了各项工作有序开展。卖场改造和商品数字化管理的成功引入，极大提升了商店形象，使商品销售呈快速增长态势，目前年销售额已突破500万元。据观众问卷调查显示，湖北省博物馆商店整体布局、商品展陈及人员服务满意度在90％以上。

内蒙古博物院

内蒙古自治区博物馆于1957年作为自治区成立10周年大庆重点项目建成开放，是全国少数民族地区最早建立的博物馆之一。2007年，新馆在现址建成开放，更名为内蒙古博物院。该院位于呼和浩特市东二环与新华东街交汇处，建筑面积15000余平方米，展厅面积7000平方米，为国家一级博物馆。

内蒙古博物院现藏文物15.5万件，其中珍贵文物3535件。反映匈奴、东胡、鲜卑、契丹、蒙古等中国古代北方游牧民族历史文化的藏品构成了该院历史文物的重点和特色；民族文物是该院的另一大特色，其中蒙古族有关藏品位居全国博物馆之首，列入全国人口较少民族范围的鄂伦春族、达斡尔族和鄂温克族的民俗文物也极具代表性；反映内蒙古革命斗争的文物藏品和门类众多的

古生物化石标本，也构成内蒙古博物院重要的藏品体系。依托自身藏品特色和资源优势，内蒙古博物院以“草原文化”为主题思想贯穿全部基本陈列和专题陈列，分布于二层、三层和四层展厅的计14个陈列形成了“草原文化系列展览”，将中国北方草原历史文化进行全景式展现，丰富厚重、个性鲜明、引人入胜。该院致力于打造一个集教育、鉴赏、休闲、娱乐于一体的高雅公共文化场所，向观众提供各种人性化服务。

一、代表文创产品

（一）“阴山岩画”系列饰牌

“阴山岩画”系列饰牌是2011年内蒙古博物院的文化产业公司刚成立时推出的饰品系列产品，以内蒙古阴山岩画为题材，运用现代金属工艺设计而成。阴山岩画主要分布于内蒙古阴山山脉狼山的悬崖峭壁上，其年代上限或可至新石器时代。这些岩画不仅反映了阴山地区古代居民的信仰、美学观和世界观，同时也揭示了他们的游牧生活状况。系列饰牌造型简约，图案古朴，将远古先人美学与现代极简主义设计风格相结合，一经推出就受到了广大消费者的喜爱。

（二）牛奶手工皂

牛奶手工皂是为了让观众体验草原生活推出的一款洗浴产品。每个牧区成长的孩子，都有一个儿时的记忆，额吉会用牛奶给年幼的孩子沐浴，这是因为牛奶在牧民的心中代表了圣洁和纯净，认为通过牛奶沐浴能够提高孩子皮肤

的免疫力。这款手工皂特别添加了内蒙古大草原牛乳精华，让顾客在使用中感受草原生活特色，适合大众消费、馈赠亲友。

（三）皮囊壶运动水壶

这款产品的设计思路源于北方草原民族日常生活中经常使用的皮囊壶，它的便携性和耐用性非常适合游牧民族日常使用。由于社会经济的发展，牧民现在多不再使用皮质容器作装水工具。在设计时，设计者吸取了皮囊壶的便携特点和传统外观造型，将其与现代生活中人们出行时使用的运动水壶相结合，采用通过美国 FDA 食品级检测的环保 PE 材料制作而成，让顾客在放心使用的同时，感受草原游牧民族的生活风情。此款水壶由于采用 PE 材质，可以在不使用时进行折叠，非常方便随身携带，在草原最美的季节，带上“皮囊壶”去仰望蓝天，驰骋草原。

（四）元玉人形瓶塞

这款产品在设计时提取了院藏元代文物玉人形带钩的人物形象。该人物形状为瓜子脸、高颧骨、五官轮廓凸出，极具北方游牧民族体貌特征。该人物双手各持麦穗，具有“守护食物”的寓意，而这正是瓶塞的功能所在，将该形象设计入瓶塞，取意“玉人的守护”。

（五）乘马牌卡片套

该款产品设计思路源于院藏清代文物“乌兰察布盟盟长贝子饰银铜乘马牌”，盟长为其行政职位，贝子为清廷赐予的爵位。在清朝，乌兰察布盟盟长可凭此牌在其管辖范围内的驿站征调驿马使用，是贝子爷的专用手谕。产品在设计时借喻乘马牌的原有出行调度功能，将其与现代生活出行需要相结合，设计出以“乘马牌”为元素的兼具行李牌和公交卡套功能的卡片套。此卡片套在手，可专享“贝子爷”出行体验。

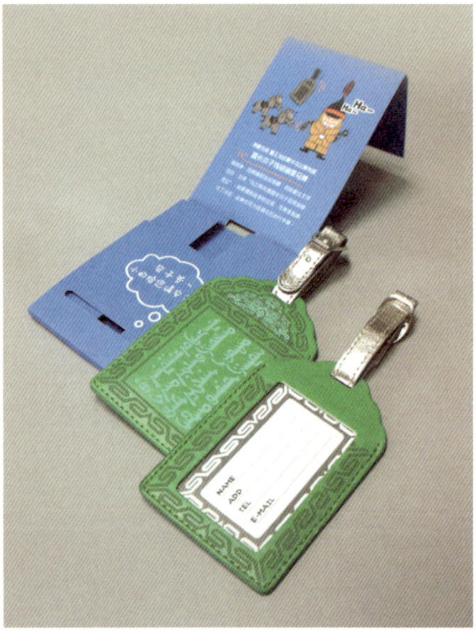

（六）元凤鸟形名片座

该款产品设计源于院藏文物“元凤鸟形玉冠饰”。凤鸟是古代的神鸟，自古以来为立国祥瑞之物。“《箫韶》九成，凤皇来仪”，将凤鸟设计于名片座上，寓飞黄腾达、凤凰于飞之意。名片座采用圆雕与透雕相结合的雕刻手法，凤鸟栩栩如生。材质采用了竹板和不锈钢的结合，竹制的背板嵌有两颗磁石，与

不锈钢的底座吸附结合，可以根据名片的多少来进行背板和底座的不同吸附组合，非常实用。

（七）“草原那达慕”U盘系列

“那达慕”是蒙古族历史悠久的传统节日，在蒙古族人民的生活中占有重要地位。每年七八月牲畜肥壮的季节举行的“那达慕”大会，是人们为了庆祝丰收而举行的文体娱乐大会。赛马、摔跤和射箭在草原上被称为“男儿三艺”，是每年那达慕不可缺少的项目。

“草原那达慕”U盘系列由三款U盘组成，分别代表赛马的马鞍造型U盘，代表摔跤的搏克服造型U盘和代表射箭的蒙古弓造型U盘，每款U盘容量8G，同时在U盘内存有200首草原金曲、1500张草原风景图片资源，可以随时聆听草原的声音，欣赏草原的美景。

（八）蒙古帽首饰盒

此款产品采用树脂材质制作而成，其造型源于蒙古族四耳帽。四耳帽得名于帽子的形状，四个“U”形帽耳多以黑色呢绒为料，可以翻上翻下，帽子款式有圆顶和尖顶两种。四耳帽帽体高雅美观，冬天款为皮质，夏天款为布制，深受草原人民喜爱。帽顶中央有一吉祥结，此结没有开头和结尾，寓意吉祥如意，一切通明。

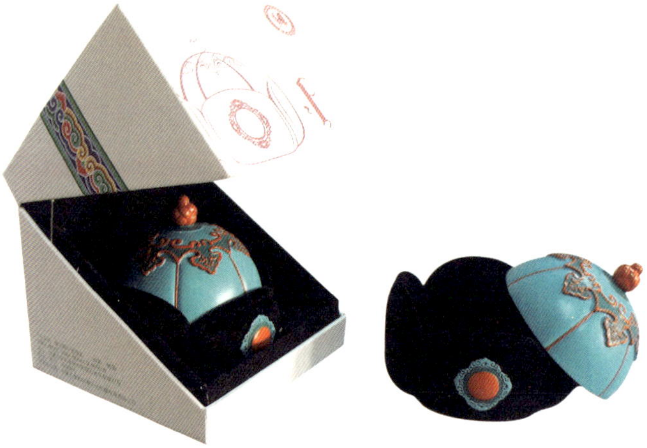

（九）蒙古族公仔娃娃系列

该系列产品主要以蒙古族最具代表性的三套共六款男女服饰设计而成，采用卡通萌造型的设计手法，同时严格遵照服饰本来的规制，让顾客在轻松愉悦中领略蒙古族传统服饰的华美。传统服装是一个民族最重要的文化表征之一。蒙古袍是为适应草原、森林和沙漠上的游牧生活演变而来的，设计因不同部族、时期和功能而各具特色。三套服饰设计来源分别是鄂尔多斯部男女服饰、喀尔喀部男女服饰和13世纪蒙古族男女服饰。鄂尔多斯部现主要分布于内蒙古鄂尔多斯高原上，鄂尔多斯礼服多以织锦缎为面料，外搭坎肩，男子在腰带上佩蒙古刀、火镰、褡裢等，女子头饰会重达10公斤，以大量珊瑚、松石和刺绣装饰；喀尔喀部现主要分布于蒙古国，喀尔喀礼服多以织锦缎为面

料，男子在腰带上佩蒙古刀、火镰、褡裢等，女子装束以高垫肩和角形头饰最具特点；13世纪时，蒙古贵族常身着右衽交领长袍，外罩半臂袍，男子常戴笠子帽，女子戴顾姑冠。

（十）元“印金绫袍”丝巾

该款丝巾是为纪念“一带一路之草原丝绸之路”设计的产品，丝巾纹饰源于院藏元代文物“印金绫袍”上的金花纹饰，采用100％杭嘉湖6A级桑蚕丝制作而成。印金绫袍出土于内蒙古乌兰察布市察右前旗元集宁路遗址，原品衣长126厘米、袖长76厘米、袖口宽17.5厘米，为交领左衽，长窄袖，面料采用黄色地提花绫，表面凸版印金花纹饰，袖口和大襟用罗地挖花织物贴边。服

装通体印金是蒙元时期的特点之一，凸显出蒙古族对金色的喜爱。此绫袍上的金花纹饰为八朵一组，有牡丹、莲花、菊花和草花等，象征了富贵、圣洁和长寿。丝巾用此纹饰，给人以美好的祝福。

二、文创产品开发经验

（一）成立专门文化产业公司开展多方合作

2011年1月，内蒙古博物院成立了自治区文博行业第一家专门从事博物馆文化产业发展的具有独立法人资质的呼和浩特市内博艺海文化发展有限责任公司。该公司的成立旨在与博物院事企分开，自负盈亏、独立核算，让博物馆的文化产业充分融入到市场竞争中去。通过整合内蒙古博物院的文物研究力量，紧跟前沿设计潮流，不断尝试使用新工艺，对院藏文物进行聚焦式的文创产品开发。秉承“艺术生活化、生活艺术化”的理念，通过抽取文物的器型或纹饰等符号，将其与当代人们的日常生活用品相结合，开发一系列文化创意产品。

经过数年的发展，内蒙古博物院文化产业经销网点从最初的2个发展到目前的9个，产品种类从313种增加到6117种，合作厂家从12家发展到107

家。目前内蒙古博物院文化产业员工总数45人，公司设总经理1名，副总经理1名，下设5个部门，分别为行政部、财务部、经营部、保管部、文创部。各部门规定了严格、清晰的规章制度，各司其职，各负其责，严格实行规范化管理。内蒙古博物院在自己建立设计团队的同时，采用与其他设计公司合作开发和授权开发的模式，多途径推动文创产品设计开发工作，多项作品获得各类奖项。

（二）设计突出区域民族特色

博物馆是区域历史文化的基本载体，是最能体现地域、民族的历史发展和文化风貌的地方。具有馆藏特色和地区特色的博物馆纪念品是完善和补充博物馆服务的一个良好途径，它使文化不仅仅停留在文物上，而是以更亲和的姿态走近观众，以潜移默化的方式让观众领略文化的精髓和美感，使静像文化变成能够让观众带走的文创产品，带进家里，带出区外，带到国外，从而满足观众的精神文化需求。内蒙古博物院充分挖掘藏品的区域特征和民族特色，赋予文化创意产品以特定的故事和文化内涵，让顾客在看到产品时能够回忆起参观经历和其中的文化渊源，并实现对草原文化的宣传传播功能。

（三）体现时代感，注重实用性

文化产品研发最初主要集中在文物复仿品和工艺品。文物的器形或纹饰原封不动地复制到杯子、本子、文化衫等一些实物物体上，虽然做到了文化性与功能性相结合，但这只是一种表面的结合、刻板的结合。由于时空导致的文化区隔，现代人与古代人的审美观是有差异的，一些文物的器形或者纹饰在文物研究人员、专家学者、文物收藏爱好者这类文物专业领域人员眼中是美的，但是可能在大多数观众眼中它并不美。因此这种刻板的结合并不能引起大多数观众的兴趣和共鸣，无法激起他们的购买欲望。一件文创产品如果不能被观众认可从而去购买，那它就只能作为一件展品，而无法发挥在流通中才能产生的文化传播功能。同时博物馆文创产品作为博物馆宣传教育的补充和延伸，应以满足最广大人民群众的需求为出发点。因此，内蒙古博物院在设计产品过程中不固守文物原本的器形和纹饰，而是将其提炼衍生，同现代人的审美观相结合进行重塑和重构，设计出能够被大多数观众喜爱且愿意购买的产品。

对文物器形或纹饰进行提炼、重构和再设计从而形成新的表现形式，是文创产品开发流程最核心的步骤，也是投入智力最多、耗时最长的一个阶段。传统的博物馆文创产品开发，一般是将文物图案与不同类型的功能性产品相结合，再后来是对文物文化元素进行一些初期的提炼和设计，大体形式有文物器形的线条化、色彩的重设等，产品开发的前期调研不是很充分，没有进行过严谨广泛的顾客调研，大多数情况是按照藏品的等级来决定开发的先后顺序，以我为主，而没有充分重视顾客的观点和需求，存在为开发而开发的情况。在总结以往经验基础上，内蒙古博物院打破文物等级的高低决定受观众欢迎程度的固有思维，认真做好顾客市场调研，找准能与大多数顾客喜好相匹配的文物，进行深入挖掘，在保留文物精髓的基础上，突破文物器形、纹饰的固有局限，与现代人的审美相结合，大胆设计，形成主题，再将设计出来的主题元素与各类功能性产品相结合，从而形成系列化产品。

（四）产品面向普通公众

最初文化产品的研发主流是文物复仿品和工艺品，这有其时代原因，但这类产品受众较小，主要局限于高端和专业性社会群体，这与博物馆文化产品所承载的普惠价值观不相符。随着博物馆的免费开放，越来越多的老百姓进入博物馆，而文物复仿品和工艺品由于缺少实用价值、价格又相对较高，观众一般难以接受。久而久之这类产品只是摆在柜台里，成为观众欣赏的展品，而失去了与顾客交易的交互功能。一般来说，市场的需求基本体现了社会公众的需求，以市场为导向，也就是以社会大众的需求为导向，只有观众购买的文化产品，才能实现文化产品“把博物馆带回家”的宣传教育功能。基于这种理念，内蒙古博物院近几年在产品开发的过程中把重心放在了适合于大众消费者购买的产品身上，获得了成功，销售收入从最初成立时的185万元达到2015年的492万元，平均年销售额增长率达25%。

南京博物院

南京博物院坐落于南京市紫金山南麓、中山门内北侧，占地7万余平方米，是“全国公共文化设施管理先进单位”、“国家一级博物馆”、“中央地方共建国家级博物馆”、“全国爱国主义教育示范基地”。1933年，在蔡元培先生的倡议下，国民政府创建国立中央博物院筹备处；新中国成立后，仍名国立中央博物院；1950年3月更名为国立南京博物院。南京博物院“一院六馆”各有侧重：历史馆全方位呈现江苏地区古代文明的发展历程；艺术馆按照艺术品的质地分类展陈馆藏珍品；特展馆举办引进的外展和以院藏珍品为主的精品展览；“非遗”馆展示江苏省国家级非物质文化遗产名录项目，邀请传承人现场演示传统技艺；民国馆重点展示南京地区民国社会生活风情；数字馆以网络科技和现场互动相结合的方式，带给观众全新的古代文明体验。

南京博物院现拥有各类藏品42万余件（套），均为历朝历代的珍品佳作。

南京博物院
NANJING MUSEUM

青铜、玉石、陶瓷、金银器皿、竹木牙角、漆器、丝织刺绣、书画、印玺、碑刻造像等文物品类一应俱有，每一品种又自成历史系列。其中，新石器时代“玉串饰”，战国“错金银铜壶”、“郢爰”，西汉“金兽”，东汉“广陵王玺”、“错银铜牛灯”、“鎏金镶嵌神兽铜砚盒”，西晋“青瓷神兽尊”，南朝“竹林七贤与荣启期”模印砖画，明代“釉里红岁寒三友纹梅瓶”等为国宝级文物。此外，“扬州八怪”、“吴门画派”、“金陵画派”、傅抱石、陈之佛等大家的书画藏品成组成系，别具特色。

一、代表文创产品

（一）“富春大岭图”倒流香炉

以南京博物院院藏黄公望《富春大岭图》为原型，将山水画制成立体造型倒流香炉，以烟带水，表现出意想不到的空灵意境。将南博馆藏艺术瑰宝以全新的形式引入千家万户。

材料有用宜兴的紫砂（段泥或紫泥）制作，也有用黄铜铸造，材质的美感可烘托出古画的深厚意蕴。倒流香需另行配置，香体造型采用葫芦形或莲花形，体现独特的禅境之美。

（二）“绫罗绸缎”系列

丝绸约有五千年可考的历史，中华民族的祖先不但发明了丝绸，而且广泛运用丝绸。人们常用“绫罗绸缎”来形容一个人穿着的华丽与富贵，而绫、罗、绸、缎实际上是丝绸品种的4个种类。

此系列文创产品设计灵感来源于《缂丝婴戏图轴》，“五子登科”、“加官晋爵”中国传统民俗中的美好寓意，用绫、罗、绸、缎四款可以代表中国丝绸的经典材质作为载体，把美好愿望带进生活，美化生活。四件产品全部采用真丝面料定制，使用数码喷绘技术将画印在真丝面料之上。再将绫、罗、绸、缎四种面料分别采用喷胶、复合等工艺，与皮、铝合金、橡胶等材质完美结合，制作成各类产品。

（三）“法蓝瓷”系列

1.福寿双全茶具组 一壶一杯

取南京博物院典藏之“项圣思制紫砂桃形杯”为创作题材，组构杯及壶为寿桃，桃木为把手，并以古雅色泽彩绘，营造典雅清丽风采。古人深信，桃树为神仙之木，果实有健康长寿功效。福寿双全茶具组赠人或收藏，蟠桃福寿齐天，传情且达意。

2.荷风双燕瓷瓶

取南京博物院收藏之陈之佛《荷风双燕》画作为创作题材，以简洁流畅线条表现碧塘、荷花与双燕，营造“荷风送香气，双燕归来细雨中”意境。荷花以“荷”与“和”同音，寓意和谐；双燕筑巢象征家宅兴旺。荷风双燕瓷瓶以蓝色彩绘瓶身，祈望万里晴空，无忧无愁，百事安好，富足安乐。

3.松龄鹤寿瓷瓶

陈之佛1959年画作《松龄鹤寿图》目前收藏于南京博物院，画中10只丹顶鹤栩栩如生，各尽其态，此画作为陈之佛代表作品。松龄鹤寿瓷瓶取《松龄鹤寿图》写意双鹤与挺拔青松为创作元素，仙鹤传递“鹤寿千岁”福祉，万古松木则以傲霜长青之姿，祝福欣欣向荣。

（四）“赏赐”黄酒

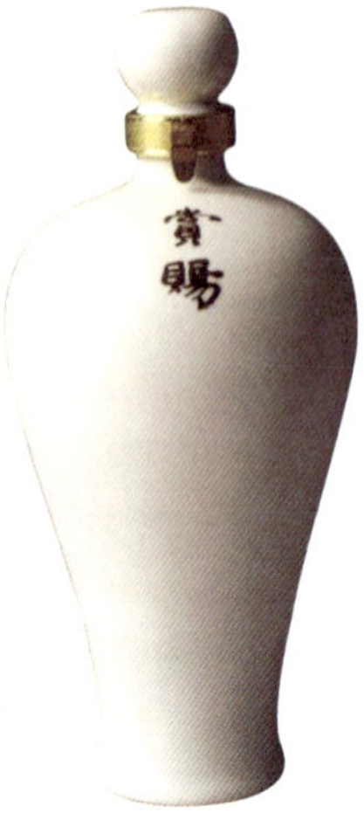

南京博物院藏白釉“赏赐”铭梅瓶出土于南京明故宫遗址内的一口深井中，同时出土的还有白釉爵、白釉碗。据考，这件梅瓶是明太祖朱元璋赏给臣下之物。梅瓶折沿、束颈、丰肩、敛胫，平底内凹，有旋坯痕，不失元代梅瓶清风之韵。同类器仅此一件，实为至宝。现定制江苏省级“非遗”产品南通白蒲中华老字号黄酒用此瓶型，双美合璧，黄酒醇厚味美，“赏赐”瓶亦可作为观赏用。

（五）“大雅斋”系列

此系列文创产品创意来源于南京博物院藏“大雅斋”款湖绿地粉彩花鸟纹瓷缸，“大雅斋”系慈禧太后御用瓷器。系列产品包括文具类、手机壳、女性化妆镜、服饰类等，色调雅致，体现出浓浓的高尚气息。

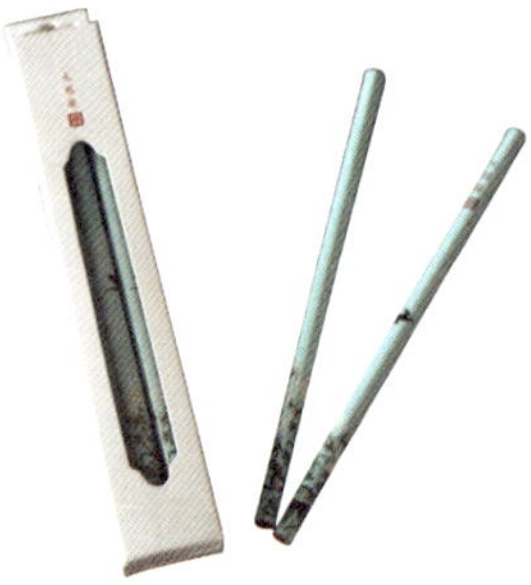

（六）“长毋相忘”系列

“长毋相忘银带钩”出土于江苏盱眙大云山汉墓，该汉墓距今已有2100余年，于2011年被评为“中国十大考古新发现”。银质，龙首形。器表以错银工艺通饰云气纹。左、右可分合，两侧内铸“长毋相忘”阴、阳铭文，钮底部有双重同心圆饰，暗喻男女双方永结同心、永不相忘之意。依托美好的寓意设计出的一组文具套装，包括铅笔、信封、信纸、书签、橡皮等，材质全部采用环保可再生材料，深受学生群体喜爱。

（七）傅抱石、陈之佛系列

傅抱石和陈之佛的藏品可谓是南京博物院院藏的一大特色，此系列产品根据傅抱石、陈之佛绘画精品衍生设计而来。其中以傅抱石的仕女画、陈之佛的花鸟画为主要开发对象，开发了涵盖五个系列60余种产品，包括冰箱贴、移动电源、便签本、丝巾等。

二、文创产品开发经验

博物馆文创产品其实就是一种传播文物本身文化含义的介质。通过购买到的文创产品或观看文创产品研发过程这两大途径，凭借文创产品这一介质，向世人宣传馆藏文物的社会价值。此外，购买行为和文创产品研发展示都为文物本身和文创产品起到了宣传造势的作用，让馆藏文物与文创产品互为依托，共同承担起传播馆藏文物所反映的地域文化。南京博物院在文创产品开发中探索出许多产品开发模式和亮点做法。

（一）产品开发模式

1.配合展览进行文创产品开发

举办陈列展览是博物馆"服务大众，诠释历史"的重要途径。一个优秀的陈列展览可以使博物馆真正成为社会民众分享群体记忆、联通历史和未来的公共空间。长期以来，博物馆事业与博物馆商店发展很不平衡，传统的博物馆商店出售的文创产品与博物馆自身的馆藏品及展览主题关联性较低，许多博物馆未能将博物馆商店与博物馆展览陈列的地位作用等同，让其处于可有可无的状态，更谈不上形成互为依存的完整服务体系。

南京博物院于2012年新开馆之际，配合展览开发了几百种文创产品。例如，展览中的江苏盱眙大云山江都王陵，是2011年度"全国十大考古新发现"，出土大量珍贵文物。文创部设计师经过前期挑选，选取寓意着男女双方永结同心、永不相忘之意的"长毋相忘银带钩"为创意出发点，设计开发出了包括情侣T恤、书籍、环保文具套装、环保纸胶带、护眼灯、复仿制品等一系列13种文创产品。2015年8月，南京博物院举办"温婉——古代女性文物大展"，在展览前半年，文创部设计师筛选展览提纲，提取一件慈禧太后御用大雅斋瓷器作为创意来源，形成新的系列产品。截至展览前共开发系列产品15个品种，极大地满足了观众拓展历史知识及实用于现实生活的双重需求，同时也为展览做了极好的延伸和补充。

2.配合馆藏精品的文创产品开发

一般博物馆都会有一件重量级的国宝，即镇馆之宝，其必然会成为文创产品开发的重要素材。例如，南京博物院为六朝时期“竹林七贤画像砖”设计开发出一系列Q版主题形象产品，“竹林七贤”为六朝时期常一起游于竹林之间的一群名士。在产品开发前期，设计师翻阅历史典籍，对六朝时期的衣着服饰、日常器物以及生活习俗都做了详细的了解。把画出来的草图让历史专家指正，反复修改直至最后定稿。产品采用夸张形象的卡通手法把这群名士各自的不同坐姿、神态动作、面部表情都刻画得惟妙惟肖，将“竹林七贤”的历史典故以故事场景的形式展示给观众，让顾客更有了解和购买的欲望。这一系列文创产品尤其深受少年儿童喜爱，影响及教育意义深远。

3.配合十二生肖展览的文创产品开发

南京博物院每年都会策划一场生肖文物特展，并围绕生肖展览进行了配套纪念品的设计开发。例如2015年的“大吉羊——南京博物院藏羊文物精品展”，文化创意部就挑选了造型可爱的六朝“青瓷羊”，开发了耳扒、杯垫、刨笔刀、储蓄罐、儿童益智拼图以及复仿制品等十余种文创商品。生肖系列产品受众面比较广，开发意义较大，仅2015年春节期间，产品的销售额就达28万余元。其中，最受欢迎的是羊形刨笔刀、羊形橡皮擦和卡通冰箱贴等贴近百姓日常生活的文具用品。

4.依托重大节日的文创产品开发

每年的各个节日既是观众参观博物馆的好时机，同时也是博物馆商店销售文创产品的好时机。为配合宣传梅花节，促进南京梅花节旅游商品的开发，南京博物院借鉴了清代同治年间的“黄地粉彩喜鹊登梅纹盘”中的图案纹饰成功开发出独具特色的“喜上眉梢伞”。考虑到原瓷器上图案为满幅循环式，设计师将图案进行重组，并勾勒出不同造型，使之各部分相互呼应富有动感。此伞富贵大气，广受好评，曾荣获2014年南京市旅游局举办的“南京市旅游纪念品设计大赛”二等奖。

5.“非遗”与文创的结合

非物质文化遗产是指各种以非物质形态存在的与群众生活密切相关、世代相承的传统文化表现形式。非物质文化遗产是以人为本的活态文化遗产，它强调的是以人为核心的技艺、经验、精神，其特点是活态流变。将“非遗”与文化创意结合能让观众更好地熟悉中华历史，更好地传承中华文明，更好地弘扬中华文化，激发民族自豪感和爱国热情。为了配合“非遗”展览，南京博物院文创部开发了包括皮影、云锦、刺绣、核雕等“非遗”类文创产品。其中将黄公望《富春大岭图》以紫砂的形式把画中的意境表现出来，是“非遗”与文创结合的很好体现。

（二）亮点做法

1.走入寻常百姓家

博物馆文创产品的开发是博物馆扩大其影响力的重要途径，很多知名博物馆都看好文化产业，并致力于开发的深入、经营的完善，将其作为延展教育功能的重要途径。需要注意的是，博物馆的文创产品开发应以消费者的需求为导向，改变以博物馆文创产品价格高不可攀、普通人不敢问津的局面，充分注意高品位、精致化与平民化结合，同时兼顾实用性。一方面，要因地制宜，开发出具有地域和民族历史文化特色的高档次、高品位的文创产品，以满足外事活动馈赠、研究欣赏等需求；另一方面，还应考虑大众需求，开发低成本、低价位的文创产品，满足普通观众的需求。

南京博物院文创部在设计当初，对于文创产品的构架进行了明确的分配，以7:2:1的比例来考虑适合各类人群的需求。其中七成为低价位大众消费商品，以钥匙扣、纸胶带、铅笔、擦皮、笔记本、化妆镜、玩具等为主，价格在几元至50元区间；二成为中档商品，各种丝巾、包袋、茶具、香具、珠串、服饰、灯具、黄酒等适合节庆或商务送礼，或者自备使用；一成为高档精品，高仿的瓷器、青铜器、复制书画等，与著名工艺师合作的产品具有很高的收藏价值。这里可以看出南京博物院走的是亲民的文创路线，有着为大众服务的鲜明特色。文创产品虽是博物馆商店中必不可少的类别，但就这样的小金额商品，设计师们也倾注了大量的心血，增强其实用性，提高其品质，降低成本让利于观众。

青少年是文化队伍的预备军，是文化传承的希望。为了让他们在参观博物馆之余，愿意接近文物，接近博物馆，觉得文物不再是不可接近的老古董，博物馆不再是枯燥无趣的展柜，南京博物院文创部还特别为青少年学生们设计了多款文具、明信片、益智玩具、毛绒玩具等主题系列，丰富了学生们的课余生活，寓教于乐。

2.打造文化精品，做大做强博物馆自身品牌

品牌是一种无形资产，其力量是不可低估的，博物馆在发展文化产业的同时，应注重树立品牌意识，提高知名度。

为扩大博物馆文化创意的影响力，2012年以南京博物院为依托，江苏省博物馆学会为纽带，江苏省长江文物艺术发展公司为市场运作核心，由江苏省各有关博物馆商店自愿加盟组成行业连锁战略联合体的“江苏省博物馆商店联盟”正式挂牌成立。商店联盟采用先进的连锁管理运营模式和市场营销理念，依据共同章程、规则，整合全省博物馆及其商店资源。联盟提供统一的商店形象，包括统一的商标、统一的环境布置、统一的形象设计、统一的品牌，在统一的运营管理体系下，统筹博物馆文创产品精品系列的研发、营销及市场推广，充分利用多馆的藏品及展览资源，最大限度地降低设计、开发成本，让利于公众，更好地为社会服务，同时也打造了一个新型的一体化的博物馆产业平台。

该项目将成为江苏规模最大、功能最齐全、信息最集中、最具竞争力的以从事博物馆文创产品开发与交易为主的专业品牌平台。搭建专业化、规模化、国际化的开发交易平台和信息交流平台，实现博物馆与博物馆之间及博物馆以外的文创产品交易、电子交易与远程合同交易等交易形式。简而述之，本项目具有以下六大特色：

（1）传播交易规模最大。项目主体将建设江苏省博物馆文化衍生产品品牌专卖店，把省内各博物馆商店改造成为统一品牌的连锁专卖店，未来将面向各省博物馆开展品牌专卖店的连锁工程，届时将会在全国形成本项目的品牌交易网络。

（2）传播交易信息最集中。该项目将建立先进的网上商城，运用先进的通信方式和设备建立信息共享和传输平台，及时同步汇集省内各博物馆商店和品牌专卖店以及加工厂家和商家信息，为该项目的各商家提供及时、全面、动态、有效的文化衍生产品传播信息和交易信息。

（3）传播交易品种最齐全。该项目开发的产品集中了全省博物馆的文创产品系列精品，其开发创作之源绝不仅仅来自南京博物院院藏文物，还来自全省各博物馆文物藏品。所以，其未来的交易品种会非常齐全。

（4）传播交易手段最先进。该项目采用现货交易和远程合同交易相结合的交易方式，建立网上商城，交易双方将通过电子商务平台进行远程交易。

（5）传播交易环境最佳。该项目在规划过程中，将专卖店设计成集文化性、舒适性、简约性和艺术性为一体的文化传播交易环境，为吸引顾客提供良好的客观条件。

（6）传播交易服务最优。该项目将为客户提供多方位及一站式服务，同时电子商务平台专门为异地客户提供网上交易。该项目还将成立专门的服务管理队伍，为各地分支机构及现场客户提供高效便捷的服务。

截至2014年年底，江苏省博物馆商店联盟筹建了南京博物院、南通博物苑、镇江博物馆、仪征博物馆、连云港市博物馆、张家港博物馆、江南土墩墓博物馆、苏皖边区政府旧址纪念馆、吴江博物馆、无锡鸿山遗址博物馆、求雨山文化名人纪念馆11家博物馆加盟店，还有新的博物馆在不断地加入进来。

3.与南京禄口国际机场共同举办展览并开设联盟商店

为提升南京禄口国际机场文化品位，擦亮江苏对外窗口，受南京禄口国际机场有限公司委托，南京博物院于T2航站楼设置了文化展厅。着力以“人”为本，营造整体和谐、充满画意的展示环境。空间布局上以传统苏式屏风形式为主线划分区域，增强了展示的文化趣味性。该次展览精选南京博物院珍藏的清宫御用瓷器复仿制品30件，2015年9月30日正式对观众开放，展期为6个月。

与展览同时，南京博物院文创部与机场合作，准备在机场开设江苏省博物馆商店联盟机场店，进一步扩大博物馆文化的辐射面。

苏州博物馆

苏州博物馆成立于1960年，是一座地方综合性历史艺术博物馆，在国家一级博物馆运行评估中，2012年度综合排名第8位，在全国地市级博物馆中排名第一，是苏州地区文物收藏、研究、展示、教育的中心。

苏州博物馆为全国古籍重点保护单位，馆藏文物4万余件，一半以上为珍贵文物，另有10万余册珍贵古籍，其中一级文物865件（套），二级文物1188件（套），三级文物32295件（套），珍贵文物数量占到文物收藏总数的

苏州博物館
SUZHOU MUSEUM

一半以上，以明清书画、工艺品和出土文物见长。近几年，苏州博物馆文物征集工作卓有成效，征集到一批具有较高历史文化研究价值的文物。此外馆内还收藏有古籍善本725种3128册，普本28501种91754册，为全国古籍重点保护单位。苏州博物馆藏品之丰富，在江苏省内仅次于南京博物院，在全国同等城市中也名列前茅。苏州博物馆馆址为太平天国忠王府，为首批全国重点文物保护单位，是国内保存至今最完整的一组太平天国历史建筑物。苏州博物馆馆藏文物体现了苏州古今文明的风貌和个性，是对文明记忆的一种汇聚、凝练与传承，反映着古城苏州的品位、个性、内在风格和历史文脉，不少器物从质地到器形，既有本地特色，又有周边文化交流的痕迹，丰富的博物馆藏品是人类活动的历史见证。

一、代表文创产品

近年来，苏州博物馆经过认真思考和实践，充分分析博物馆的优势与不足，在文创产品的开发设计上逐渐加大了投入力度，旨在开发有设计感、趣味性、价格亲民的文创产品。希望能够通过文创产品品牌形象的塑造，吸引更多年轻人对博物馆的关注，进而增强苏州博物馆的影响力。

（一）国宝味道之秘色瓷莲花碗曲奇

“国宝味道之秘色瓷莲花碗曲奇”（抹茶味）是苏州博物馆于2014年5月18日配合主题为“藏品架起沟通的桥梁”的国际博物馆日推出的文创产品，在国内博物馆中开创了利用馆藏设计食品类产品的先例。进而成为苏州博物馆最具创意、最负盛名的特色产品，是国内博物馆文创产品的经典案例之一。

该产品使用新西兰黄油、太古糖霜、鸡蛋、美玫粉、抹茶粉等优质原料手工制作而成，口味清淡，甜而不腻。造型上以苏州博物馆镇馆之宝——秘色瓷莲花碗作为原型，利用食品原料中天然的颜色体现文物原本的釉色，通过线条的重新勾勒追求造型的神似。让顾客在食用“国宝”的过程中，在味觉和视觉的双重享受下产生一种独特的消费体验，拉近观众与文物的距离。

包装采用单片曲奇独立包装，保证产品的卫生安全，价格亲民，适合大众消费和作为伴手礼馈赠亲友。

（二）文衡山先生手植藤种子

“文衡山先生手植藤种子”是为2013年苏州博物馆“衡山仰止——吴门画派之文徵明特展”特别设计的文创产品。产品的创意在苏州博物馆官方微博（新浪）发布后受到广大网友的称赞，被誉为“最具生命力的文创产品”。

苏州博物馆内有紫藤一架，为吴中才子文徵明（号衡山）为友王献臣所

植，雅称“文藤”。“文藤”见证了当年拙政园主人与吴中才子文徵明、唐寅、祝允明等的雅集宴饮活动，被称为活的文物，乃“苏州三绝”之一。“文衡山先生手植藤种子”正是利用馆内“文藤”这个独一无二的馆藏资源，取传承“文脉”的寓意，每年采集其种子予以特别包装，以限量发行的形式推出。

包装采用仿宣纸洒金材料，将文徵明“衡山”印图案作为封条，延续整个展览的LOGO符号，内包装采用纸艺制品盛放3颗种子，并印制了关于文徵明手植藤的相关信息。

（三）衡山杯

“衡山杯”是为苏州博物馆“衡山仰止——吴门画派之文徵明特展”设计的系列文创产品之一。

“衡山杯”紧扣展览主题，以展览的LOGO文徵明的“衡山”印章图案为设计元素，以红釉将印章图案设计在杯底，整个杯子的造型好似一枚文徵明的印章，同时天圆地方的形状暗合文徵明待人接物圆融刚执的品格，杯盖垫在底部时好似一个印盒，构思巧妙。杯子的釉色模仿宋代五代名窑之首的汝窑瓷器而成，与文徵明文人气度相贴合，使产品的整个调性具有文人气质，符合苏州地区一贯的雅致特点。

此款文创产品与该系列其他文具类产品不同，在强调设计感的同时兼顾了公众日用品消费需求和礼品购买需求。

（四）“吴钩重辉”真丝拉绒长巾

“吴钩重辉”真丝拉绒长巾为“吴钩重辉——苏州博物馆藏吴越青铜兵器特展”推出的系列文创产品之一。

苏州不仅是一座园林城市，也是名副其实的丝绸之府。作为丝绸故乡，苏州的丝绸产品一直绵延不绝，自春秋时期的吴缟起历经三国两晋、隋、唐、宋、元、明、清直至而今，苏州丝绸享誉海内外。苏州博物馆的文创产品中丝绸制品一直是一个重要的门类。“吴钩重辉”是针对2013—2014年苏州博物馆征集的台湾古越阁主人王振华、王淑华夫妇藏吴王夫差剑在内58件吴越青铜兵器精品而推出的反映两周文明的重要特展。此款文创产品将至柔的丝绸与至刚的青铜兵器相结合，以吴王夫差剑剑格兽面纹图案及铭文作为素材，设计了此款长巾。长巾以红色为底，图案还原了吴王夫差剑剑格上镶嵌的绿松石的颜色，配色鲜丽大胆又不失大气厚重。

此款产品把传统的丝绸制造和青铜铸造工艺与现代设计相结合，兽面纹图案和铭文充满了历史厚重感，对图案和铭文错落的排布又凸显了设计感和现代感，兼具了欣赏和实用价值。

（五）海棠花窗金属书签

海棠花窗金属书签是根据苏州博物馆新馆内贝聿铭以园林花窗为元素重新设计的海棠花窗为素材进行开发的文创产品。

苏州是贝聿铭先生的故乡，苏州园林对贝聿铭先生有着非常独特的意义。苏州博物馆新馆的设计结合了传统的苏州建筑风格，把博物馆置于院落之间，使建筑物与其周围环境相协调。博物馆的主庭院等于是北面拙政园建筑风格的延伸和现代版的诠释。在苏州博物馆新馆处处可见苏州古典园林的元素的现代化演绎。

此款文创产品写实地截取了苏州博物馆新馆一景，利用建筑中传统花窗的海棠造型和窗外竹林景色，把贝聿铭先生对苏州园林的理解凝于一个书签上。观众在参观博物馆时能够在新馆寻找到书签上的景色，同时可以把苏州博物馆的景色带回家中。

二、文创产品开发经验

（一）文创产品开发概况

苏州博物馆文创产品开发的理念是注重实现社会效益，以观众需求为目标开发出适合不同人群的文化产品，让观众“把博物馆文化带回家”，进一步扩大苏州博物馆影响和地位。自新馆建成以来，苏州博物馆一直把文创产品的开发与经营作为博物馆的一项重要业务工作来抓，作为打造现代化博物馆的一个重要方面来经营。以“中而新，苏而新”的理念开发文创产品，充分利用苏州博物馆建筑、馆藏、展览资源，开发各类文创产品，借鉴其他博物院理念，利用社会资源，实现互利双赢。

2006年新馆开放的同时，苏州博物馆中心商店也开始启用。2009年，苏州博物馆艺术商店正式成立，由4名员工负责管理，并由苏州市博欣艺术品有限公司开展各项业务工作，尝试自主开发文创产品并上架销售。随着博物馆事业的发展，博物馆文创产品作为博物馆业务工作的一部分，其重要作用日益显现，迫切需要一个更加专业更具凝聚力的文创团队来经营博物馆文创事业。为此，2013年8月，苏州博物馆正式成立文创组，负责管理苏州博物馆艺术商店。目前博物馆内设3个固定营业点，面积共260平方米，馆外苏州诚品百货专柜1处，营业面积119平方米，一家线上官方网店，工作人员16人。

博物馆商店经营商品分为自主开发文创产品、合作开发文创产品和引进产品三个体系，包括出版物、家居装饰、文具、日用百货、首饰手表、服装鞋包、玩具、3C产品、复制品、食品十大类合计3782款。按产品的文化属性可分为馆藏文物、非馆藏文物、博物馆综合、古代艺术、现代艺术、苏州刺绣艺术、博物馆建筑和忠王府古建筑8个方面。其中博物馆自主研发和与其他公司合作研发的文创产品比重逐年增加。2013年苏州博物馆设计开发文化产品26种38款，全年实现营业额325.9万元。2014年自主开发9大类51种61款新产品，年销售额达514.7万元。

苏州博物馆的创意文化产品在“2012博物馆及相关产品与技术博览会”上荣获“全国博物馆文化产品创意设计推介活动”提名奖，在“第五届海峡两岸（厦门）文博创意产业精品展”综合评比中获得优秀奖和最佳创意产品奖。在2013年推出“衡山仰止——吴门画派之文徵明特展”期间（3个月），配合特展推出系列文创产品，销售额达100余万元，配合展览推出的“文徵明手植藤种子”，获得了社会上一致好评，被评价为“最具生命力的文化产品”。2014年荣获“2014中国博物馆最佳文创商店奖”。“国宝味道之秘色瓷莲花碗曲奇饼干”荣获“2014中国博物馆优秀文创产品奖”。

（二）亮点做法

1.产品开发紧扣馆藏特点，适应消费需求，紧抓产品设计和质量

以让观众“把博物馆文化带回家”为经营理念，努力提高自主开发能力和效率，依托博物馆自身资源，发掘馆藏文物文化元素和亮点，与现当代手工艺制作融合，开发出代表苏州工艺技艺、传承吴中风韵的具有实用、欣赏和收藏价值的文创产品，彰显博物馆的文化特性。

（1）定位准。开发满足公众需求的文创产品。博物馆应在开展观众研究的基础上，进一步开展观众的消费需求研究。深入了解观众的消费需求，精准定位，有针对性地开发文创产品。“衡山杯”案例就是在充分了解和掌握了公众的消费需求后，有针对性开发的文创产品。

（2）抓设计。开发有创意和美感的文创产品。在开发利用博物馆文化元素的前提下，引入创意学的方式方法，提取文物元素并进行符号化表达，在延续文物所承载的文化信息的基础上，通过设计创造出全新的文创产品。“国宝味道之秘色瓷莲花碗曲奇”案例就是将相关文物与食品联系，设计了一款观众想不到的“创意”、“新奇”的文创产品，通过特殊的表达加强了公众对文物的联系与共鸣。由于目前博物馆普遍缺乏相关的专业设计人才，一方面要加大人才培养，另一方面则要借助专业设计公司的技术能力合作共赢。

（3）抓质量。开发制作精良、符合博物馆高雅形象的文创产品。有了好的产品构思，产品落地也十分重要，不论是制作工艺还是外包装，甚至文案说明等诸多细节都是一件完整产品的组成部分，将带给消费者最直观的体验，直接代表了博物馆的外在形象。“文衡山先生手植藤种子”就经过了设计人员对诸多细节的充分琢磨。产品的核心“种子”因其天然属性不需要再设计，但产品的整体气质需要通过优美的文案和精良的包装表现，文案让公众充分认知产品内涵，文人气质的外观包装契合了“文徵明”这个文人符号，与展览乃至苏州博物馆的整体定位高度吻合。

（4）重特色。紧扣博物馆藏品和地方文化特色，开发制作独一无二的文创产品。文创产品与其他商品最大的区别就是产品被赋予了独特的文化内涵。随

着《博物馆条例》对博物馆文化产业的扶持和鼓励加强，全国博物馆都开始对博物馆文创产品加大了投入力度。如何从众多雷同的博物馆文创产品中脱颖而出，是博物馆文创研发团队最重要的课题之一。苏州博物馆产品研发团队利用本馆特有的馆藏资源，打造具有本馆特色、地方特色的文创产品。“文衡山先生手植藤种子”、“国宝味道之秘色瓷莲花碗曲奇”、“海棠花窗金属书签”都是独具苏州博物馆特色的产品，难以复制。同时，从产品的开发理念到成品设计再到包装，凸显了一脉相承的苏州深厚的历史文化底蕴和苏州博物馆雅致清新的建筑格调，与其他文创产品从视觉感官上区分开来。

2.商店经营创新理念，注重品牌，重视人才和渠道

苏州博物馆着力将艺术品商店打造成为苏州博物馆“最后一个展厅”，不断在制度管理、经营销售、品牌建设等方面努力寻求突破，在拉近公众与博物馆的距离、建立起双方沟通的纽带、激发博物馆潜在活力、助推博物馆事业加速发展方面发挥作用。

（1）创新经营理念，及时更新博物馆文创产品经营理念，与时俱进地引入新的经营管理模式。苏州博物馆在2013年聘任文创业务主管，专职管理苏州博物馆艺术品商店相关工作。同时在馆内商店经营的基础上，开发网上商店，由专人打理，对网店进行装修，及时更新产品信息。观众不到苏州博物馆也能买到博物馆文创产品，观众在博物馆购物意犹未尽或因行程原因无法购买，也可在网上购买到心仪的文创产品。

（2）注重品牌建设，打造苏州博物馆品牌。苏州博物馆早在2009年就成功注册“苏州博物馆”商标，该商标由三部分组成，包括郭沫若手书“苏州博物馆”、苏州博物馆英文名称以及苏州博物馆标记。其中特别值得一提的是苏州博物馆标记是由苏博新馆的设计者贝聿铭先生推荐的翠西女士完成的，翠西女士是一位来自纽约的资深平面设计专家。在苏州博物馆的文创产品、包装盒、包装袋、说明牌上都明确标注了此标记。如今提起苏州博物馆的文创产品，大家都能轻而易举地想起这个精练地表现了苏博新馆进门处外立面的标记。在商店里，员工都穿着与苏州博物馆新馆建筑相适的统一制服，对每一位前来购物的观众给予温馨的服务，引导观众了解文创产品的内涵与外延，增强观众的参观体验，引起观众对博物馆的情感共鸣，打造独特的购物环境和体

验，同时做好售后服务和解释咨询工作，维护苏州博物馆品牌的良好形象。

（3）引进培养人才，及时引进培养文创研发人才和导购人才，制定《苏州博物馆艺术品商店员工培训手册》，做好员工入职培训和考核工作，推进员工每月考评制度，提升综合业务技能。召开导购经验分享会议，增强团队凝聚力，有意识地逐步形成企业文化。

（4）拓宽合作渠道，在做好本馆文创产品研发制作的同时，与其他博物馆、文化机构、文化产品公司加强联系合作。苏州博物馆每年举办数个引进展，特别是2006年以来，举办了十余个境外展，加强与对方博物馆的合作，把一些优秀的文创产品引进苏博商店，从种类和款式上对苏博文创产品起到一个补充作用。与诚品合作在苏州诚品百货开设专柜，让苏州博物馆文创产品“走出去”，在更广阔的平台上展示苏博文化，也让更多的人在苏博文创产品的吸引下走进苏州博物馆，真正做到文创产品对博物馆的反哺。

3.文创产品屡获嘉奖、效益可观

苏州博物馆文创工作开展至今，得到相关部门、大众媒体及社会各界的广泛关注与好评。“檀香书签”获“2010年博物馆文化产品优秀奖”；“旅行牌”获“2010年博物馆文化产品优秀奖”；“国宝味道之秘色瓷莲花碗曲奇”获“弘博奖·2014中国博物馆文化产品优秀奖”；苏州博物馆艺术品商店获“弘博奖·2014中国博物馆最佳文创商店奖”；“沈周玉兰缂丝钱包”获“中国工艺美术文化创意奖”铜奖；LOGO系列之“金属书签”、“情侣款项坠”获“全国博物馆文化产品创意设计推介活动提名奖”；多款文创产品入选“2015年欢乐春节·艺术中国汇”纽约系列活动林肯中心创意集市。苏博艺术品商店获得2014中国博物馆最佳文创商店奖。

在赢得社会效益的同时，苏州博物馆的文化产品经营、销售也取得了良好的成绩。自2010年始，苏州博物馆年销售额均在300万元以上，具有一定的经济效益。2013年“衡山仰止——吴门画派之文徵明特展”配套产品涉及9大类13种53款，其中自主研发和合作开发文化产品30余种。展览期间，累计销售商品2万余件，图书2种1500余册，共计100万余元。2014年，苏州博物馆销售额达514.7万元。2014年12月至2015年7月，“六如真如——吴门画派之唐寅特展”相关文创产品销售达70余万元。

敦煌研究院

敦煌研究院是负责世界文化遗产敦煌莫高窟、天水麦积山石窟、永靖炳灵寺石窟，全国重点文物保护单位瓜州榆林窟、敦煌西千佛洞、庆阳北石窟寺管理的地厅级综合性研究型事业单位。它的前身是1944年成立的国立敦煌艺术研究所，1951年改组为敦煌文物研究所，1984年扩建为敦煌研究院。其办院方针为“保护、研究、弘扬”。敦煌研究院已发展成为我国拥有世界文化遗

敦煌研究院
DUNHUANG ACADEMY

产数量最多、跨区域范围最广的文博管理机构，在国内外具有相当影响力的遗址博物馆、敦煌学研究实体、古代壁画与土遗址保护科研基地，国家一级博物馆。2010年在巴西召开的世界遗产委员会第34届会议上，莫高窟被誉为“有效保护与可持续旅游管理方法的典范”。

一、文创产品开发成果

（一）以石窟数字化成果支撑文创产品发展

敦煌石窟壁画数字化经过20多年的发展，已经形成了一套标准规范流程，掌握了多项数字化核心技术，为敦煌的数字化文创产品开发奠定了坚实基础。截至目前已完成了150个洞窟的高保真壁画数字化采集，120个洞窟的结构扫描，60个洞窟的整窟高保真数字化图像处理，以及110个360度虚拟漫游全景节目，近20余身敦煌石窟重点彩塑的三维重建，莫高窟、榆林窟等大遗址的三维重建数据、视频资料、4万余张底片的数字化等多种多样的数字化成果。

敦煌研究院建成使用的敦煌莫高窟数字展示中心，可同时容纳800位观众同时观影。主题电影《千年莫高》主要讲述莫高窟的历史文化背景；球幕电影《梦幻佛宫》是敦煌莫高窟经典洞窟虚拟漫游，片长都为20分钟。

敦煌研究院使用了目前国际上较先进的8K影院系统来表现文化遗产的艺术价值，以数字化为基础，利用当代先进的信息技术和展示手段，通过全方位、立体化的虚拟洞窟场景，使游客感受身临其境的参观效果。同时，游客还将在此了解与莫高窟遗址相关的历史、文化、艺术、自然风光以及洞窟开凿、壁画彩塑制作等诸多信息。

敦煌研究院以数字化为基础，开发出数字化文创影片，满足游客多样化的参观需求，使游客的参观体验得到量的充实和质的提高，游客在洞窟内的滞留时间也得以缩短。借助游客中心的调控功能也将有助于平衡旅游旺季时莫高窟游客流量的分布，缓解莫高窟旅游开放与保护之间的矛盾，实现敦煌莫高窟“永久保存、永续利用”的目标。探索实践了文化文物单位通过文创讲好中国故事，促进中国优秀文化生动传播的路径。

（二）以敦煌文化艺术价值阐释指引文创产品研发

敦煌研究院通过敦煌文化艺术的丰厚积淀，开发的文化创意产品20余种。其中高保真壁画复制品，支撑多所艺术院校教学以及科研工作；具有学术价值和艺术价值的《敦煌》、《魅力敦煌》、《丝路印记》画册，是敦煌石窟文化交流的优秀出版物，支撑旅游文化服务；设计出版《首届敦煌丝绸之路国际文化博览会展览精品图集》是首届敦煌国际文化博览会官方文化交流出版物；推出了“一带一路画敦煌”系列涂色书及套装，让读者深度体验敦煌壁画艺术，参与

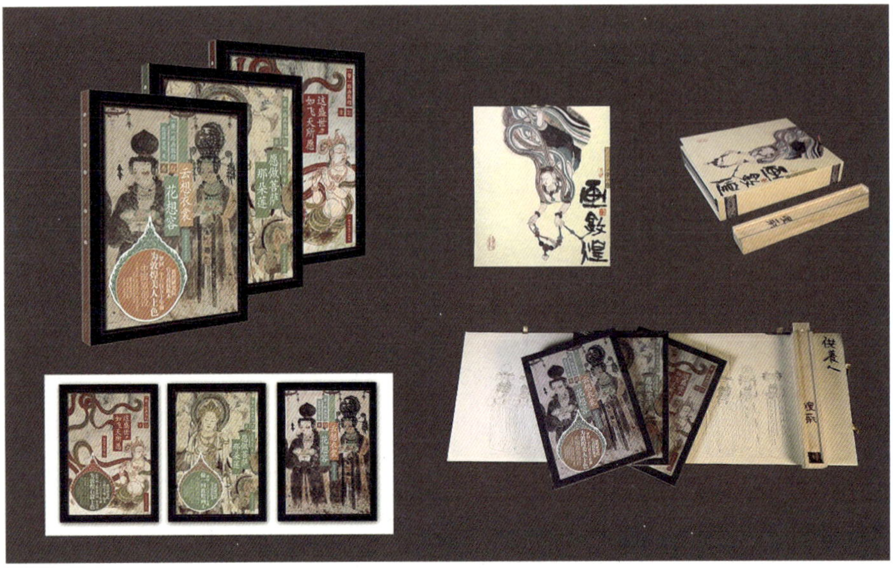

绘制敦煌壁画，感受古代画工的智慧，年销量达10万余册，获得多项图书出版奖项，深受读者喜爱；还有敦煌元素的系列线装笔记本、春夏秋冬系列笔记本，《敦煌》日历、《敦煌》明信片、莫高窟营建1650周年纪念U盘、敦煌腕带纪念U盘、益智类敦煌魔方等多款产品，取得了良好的社会效益和经济效益，为今后敦煌研究院文化产业发展积累了丰富的经验。

敦煌研究院在文创产品发展中，始终坚持以敦煌文化价值的诠释与推介为核心，敦煌艺术经典的数字媒体阐释影片《降魔成道》历时多年精心研发正式投入播放，获得了良好的反响，被誉为“动起来的敦煌壁画”，从IP价值的层面对敦煌艺术经典进行了研究、提取与推介，推动了敦煌文创品牌价值积累

提升，也为后续的 IP 授权开发一系列敦煌动漫衍生产品提供了重要资源。

（三）以体验型文创塑造敦煌文创的丰富形态

敦煌研究院在文创产品研发上，除了注重量产的文创产品，也十分重视体验型的文创工坊课程的设计和发展。在海内外多场展览中举办“指尖上的敦煌——丝路生活美学工坊”活动，举办羊毛丝绸与型染的手作体验活动，都取得了热烈的反响。例如在2016年年底于北京大学赛克勒考古艺术博物馆举办的“丝路上的美学源流——如是敦煌文创展”，以及2017年4月在台北松山文创园展出的“第八届海峡两岸文创展”中，敦煌研究院都推出了“念念敦煌”文创工坊系列课程活动，深受观众们的欢迎。手作体验活动通过新媒体公众平台面向社会开放报名，往往几分钟就会报满。还有很多观众即使没有名额参加工坊了，但还是会认真地驻足一旁，聆听工坊老师的讲解，希望借此能更深入地体验到古老敦煌艺术的魅力。在台湾展览现场，敦煌研究院特别在展陈上通过进入现场展陈的高清数字复制洞窟，在工坊老师的带领下，让观众对敦煌的色彩、图案及精神内涵有生动的体验，然后再进一步参与工坊制作，获得的弘扬与传播效果十分突出。工坊学员通过与敦煌文化艺术的合作而成一件精美的生

活美学文创作品，得以把敦煌艺术的感动与祝福长久地留存心间。

文创工坊参与观众涵盖各个年龄阶段，从华发人士到小朋友。敦煌文创工坊的授课老师先通过 PPT 阐释敦煌艺术的价值与内涵，然后指导大家亲手实施创造。许多小朋友与家长共同完成了敦煌图案与色彩的文创手作体验，感到特别的喜悦。通过历史优秀文化艺术的文创转化，推动了两岸的亲密沟通与互动。工坊也通过文创体验活动将敦煌文化“保护、研究、弘扬”的种子植根于广大观众们，特别是青少年一代的心中，探索践行了文化创意的核心使命——生动广泛的文化传播与生活美学建设功能。

敦煌研究院还积极推出了“星空下阐释敦煌”的品牌公众文创活动，在千

年文化遗产地敦煌莫高窟的浩瀚星空下，展开艺术家、学者与观众们的丰富知识演讲及互动，获得了良好的效果。星空关乎人类祖祖辈辈对宇宙和生命的认知与探索，唤起我们对自然的赞叹；星空也向我们昭示了人类从不同的角度看待我们共有的世界，形成不同的文明并彼此交融影响。希望能通过这些文化创意体验产品，来阐释、传播敦煌文化艺术的价值，推进其精神内涵对当代社会的建设意义，结合敦煌文明的价值和丝绸之路的历史意向，共创美好未来的契机。

二、文创产品开发经验

敦煌文化及丝绸之路河西段为文创发展提供了广阔的空间和契机。长期以来，敦煌研究院形成了以保护为基础、研究为核心、弘扬为目的、管理为保障的四位一体发展模式，将文化产业作为文化遗产弘扬事业的重要组成部分以及敦煌文物事业发展的重要支撑。特别是近年来，敦煌研究院在做好文化遗产事业的同时，基于文化遗产价值，遵循国内外先进的文化产业发展理念，积极谋划启动文化产业全面发展，努力让古老的文化遗产活起来，让优秀的传统文化艺术为提升当代人的生活品质，为构建社会主义核心价值观和国家“一带一路”建设作出应有的贡献。在这一过程中，敦煌研究院积累了丰富的经验。

（一）加强管理，全面提升文化产业发展水平

自20世纪90年代开始，敦煌研究院就开始探索文化产业的发展，经过近

30年的探索，先后形成了6家文化产业发展机构。

敦煌研究院文物保护技术服务中心、甘肃莫高窟文化遗产保护设计咨询有限公司、甘肃恒真数字文化科技有限公司三家公司为文化科技服务公司，主要通过科技与文化的深度融合，在古代壁画和土遗址文化遗产保护、文物数字化等相关领域进行工程技术研发、方案设计咨询、成果转化与技术授权及其支撑服务。通过不断加快科技成果转化速度和推广力度，积极拓展对外业务，取得了良好的社会效益和经济效益。截至目前，已在全国 10多个省市开展了100多项文物保护工程、保护方案设计以及数字化工程；2016年合同金额达到5700余万元，收入达到4800余万元。

敦煌莫高窟旅游服务公司是集工艺美术品开发、商品销售、住宿、餐饮服务等业务于一体经营公司。2016年，敦煌莫高窟旅游服务公司收入358.6万元，招标的各商店文创产品共投资（产值）2276万元，销售1419万元。甘肃敦煌魂文化艺术传播有限公司，主要开发和销售文创产品，10年来共开发文创产品13大类469个品种870个花色。

甘肃鸿文敦煌艺术研修中心成立于2014年，为非营利性社会服务活动的社会组织，从事敦煌石窟保护、研究和弘扬的中外专业人士提供授课、培训、交流，为来敦煌石窟观摩实习的国内外大专院校师生提供授课、培训、交流，并提供食宿，以及授课、培训、交流的场所。

为了加快文化产业发展进程，敦煌研究院于2016年成立了文化创意研究中心，主要负责全院文化产业发展的统筹规划和文化产业发展体系建设。制定了《敦煌研究院“十三五”文化创意事业产业发展规划》，确立了以弘扬敦煌文化、讲好“中华故事”、助力“一带一路”建设为目标，以文创品牌价值建设为途径，遵从全院“保护、研究、弘扬”发展战略为导向的发展理念，以及“盈益”与“盈利”并举，以“盈益”为核心，以研究为基础，以保护文化遗产价值为前提的文化创意发展的核心原则；确立了敦煌研究院文化科技服务系统，文创体验系统，文创产品系统等文化创意的形态，以及“慈悲能承载，智慧能沟通，美能成就”的文创品牌核心价值，为未来敦煌研究院文创工作规划了理论基础与实践路径。

（二）创新理念，品牌价值建设取得成果

敦煌研究院完成文创品牌系统的基础建设、价值阐释与文创体验建设，围绕“敦煌研究院”的核心品牌，建设了“如是敦煌”、“念念敦煌”、“星空下阐释敦煌”等文创品牌系统。通过开展形式多样的敦煌艺术展览、敦煌文创展览、敦煌艺术进校园等公益活动，以敦煌学研究作为品牌价值的核心保障，以数字化的石窟文化价值阐释来提升品牌价值，利用网络开展敦煌文化普及和弘扬等方式，全方位、多角度弘扬敦煌文化创意品牌影响力。如2016年，敦煌研究院就举办包括台湾地区在内的“敦煌壁画艺术精品高校巡展”8次，随展讲座23场。“敦煌艺术精品高校公益巡展”成功获得国家艺术基金“2016年度传播交流推广资助项目”。在2017年举办的“敦煌艺术走进联合国展览”、“成都敦煌艺术大展”、“第八届海峡两岸文创展”、“台中科技博物馆敦煌大展”、“美国拉斯维加斯国际品牌授权展”等展览中，敦煌文化艺术及其创意创新也引发了广大观众的热烈反响。

（三）重视敦煌文化价值的开掘，以敦煌学研究作为文创品牌价值的核心背书

敦煌研究院承担的90多项省部级以上科研课题，绝大多数都与国内科研机构、高校、文博单位合作完成。同时与美国、日本进行的20多年的国际合作，科研水平和管理水平均得到了同行的赞誉，赢得了良好的口碑，是文化遗产保护管理的良好典范；也得到了国际认可，树立了良好的国际品牌形象。

敦煌研究院编辑出版的《敦煌研究》期刊荣获“中国最美期刊”称号和甘肃省首届“十佳社科期刊”称号；通过举办以“敦煌论坛”、“莫高讲堂”、“敦煌文化驿站”为品牌的学术论坛、讲座以及创建“敦煌研究学术文库”、“丝绸之路与敦煌名著译丛”、“丝绸之路与敦煌文化丛书”等出版物品牌，承担社会责任，助力首届丝绸之路（敦煌）国际文化博览会和“一带一路”建设，获得了国内外赞誉。

这些丰富的学术研究成果都为深入开掘敦煌文化价值，推进敦煌文化创意产品开发提供了持久的能量。

韶山毛泽东同志纪念馆

韶山毛泽东同志纪念馆始建于1964年，为全国唯一一家系统展示毛泽东主席生平事迹、思想和人格风范的纪念性专题博物馆，国家一级博物馆，馆名由邓小平于1983年4月20日题写，包括生平展区、专题展区、旧址群等部分，总建筑面积3万平方米，陈列展览面积14400平方米，占地面积400亩，为全国优秀爱国主义教育示范基地，全国廉政教育基地。

馆藏主要以毛泽东相关的文物、文献、遗物为主，文物文献资料达6.3万余件，藏品中的毛泽东晚年生活遗物均来自北京中南海，总量达6400余件，其中一级文物20件、二级文物85件、三级文物103件。生平展区于2013年

韶山毛泽东同志纪念馆
Shaoshan Mao Zedong Memorial Museum

12月完成全面改造并对外免费开放，现有基本陈列“中国出了个毛泽东”，每年推出3—5个特别展览。专题展区是全国爱国主义教育示范基地“一号工程”韶山核心建设项目，于2008年12月25日建成开放，现有基本陈列“风范长存——毛泽东遗物展”、“大笔乾坤——毛泽东诗文书法展”、“英烈忠魂——毛泽东一家六烈士展”等，共展示毛泽东遗物1008件。旧址群包括全国重点文物保护单位——毛泽东故居、毛泽东读私塾旧址南岸、毛泽东开展过农民运动的旧址毛氏宗祠、毛鉴公祠、毛震公祠和毛泽东父母墓地以及周边部分山林、水田、水塘等。

一、代表文创产品

（一）旷世珍藏——毛主席龙钮大印（仿）

韶山毛泽东同志纪念馆藏“毛泽东龙钮大印”为国家一级文物，宽6厘米，高5.5厘米，出自著名金石篆刻家邓散木先生之手，印面为繁体白文“毛泽东”三字，顶部双龙镂空，边款刻有“一九六三年八月，敬献毛主席，散木瑑，时年六十有六”字样。

韶山毛泽东同志纪念馆专题展区序厅陈列设计曾先后16次易稿，最终确定“毛泽东龙钮大印放大件”的设计理念。展品较原件放大约8189倍，是由一块与原印材质相同的重达35吨的完整寿山石原石雕琢打磨而成。韶山毛泽东同志纪念馆充分利用寿山石原石雕刻成序厅展品后的余料，将其制成了一枚枚毛主席龙钮大印小印章，有直径为8.3厘米、7.6厘米、6.6厘米、6厘米和4.9厘米5种规格，由于利用余料设计制作，该系列印章数量有限，每个均配有韶山毛泽东同志纪念馆的收藏证书。毛主席龙钮大印仿品是韶山毛泽东同志纪念馆开发的首批文创产品。

（二）履之精品——毛主席皮拖鞋（仿）

韶山毛泽东同志纪念馆珍藏着1949年毛泽东第一次出访苏联时在专列上穿的皮拖鞋。该鞋简约朴素，舒适耐穿，无论是居家办公，还是外出视察，毛泽东都随身带用。其间，缝缝补补穿了20多年，直到70年代初，鞋子已经破得无法再修补了，毛泽东才同意将它库存。这双皮拖鞋陪伴毛泽东走过了20多个春秋，也见证了毛泽东一生中许多美好时光，就像是他的一位同甘共苦的老朋友，记载着许多不为人知的感人故事。

毛主席皮拖鞋仿品便是以这双有故事的皮拖鞋为原型开发而成的。鞋面及鞋垫选用上等头层牛皮，内里为柔软的头层猪皮，鞋底为橡胶耐磨底，透气舒适，经久耐穿，有男女两款，售价为298元/双。

（三）毛泽东收藏名家名画系列包袋

1953年，在毛泽东六十华诞之际，我国的166位画家挥毫泼墨，每人作画一幅敬献给毛主席，表达人民的祝福。这些画作有的清新洒脱，生趣盎然；有的气势磅礴，雄浑峻拔；有的典雅古朴，如诗如实；有的多方借鉴，推陈出新。毛泽东并不重视过生日，但当时他收到这些画作后，珍藏案头，暇时品味，爱不释手。韶山毛泽东同志纪念馆从中精选部分画作，选取其中特色艺术元素，选用上等纯棉布将其开发成了系列包袋，有“隐逸君子”、“冰清之仙”、

"富贵牡丹"、"暗香疏影"四款挎包，售价为198元/个，有"马到成功"、"待到山花烂漫时"、"好好学习天天向上"、"日出东方"四款背袋，售价为68元/个，产品设计精美，做工精细，深受观众喜爱。

（四）诗词文化伞

1959年6月，毛泽东回到了阔别整整32年的故乡韶山，他来到田间地头、韶山学校、父母坟前，了解亲戚邻里生活情况，感慨万千，挥笔写下了著名的《七律·到韶山》："别梦依稀咒逝川，故园三十二年前；红旗卷起农奴戟，黑手高悬霸主鞭；为有牺牲多壮志，敢教日月换新天；喜看稻菽千重浪，遍地英雄下夕烟。"

诗词文化伞的设计突出韶山特色和伟人诗词，并将观赏性与实用性有机结合，主题紧扣韶山毛泽东同志纪念馆的VI设计，图案为毛泽东诗词《七律·到韶山》手迹。伞架为铬中棒，电镍骨材质，结构紧凑、耐用；伞面为P/G布，晴雨兼用；三折式的设计，轻、牢、美，便于携带，售价为68元/把。

（五）主席“福”围巾

毛泽东手书“福”字是在毛泽东的书房发现的，是毛泽东生平创作的唯一“福”字。福字构思精巧，寓意深厚，连笔婉转，一气呵成，给人整体感觉“福态”端庄，“福气”饱满。主席“福”围巾以毛泽东手书“福”字为设计元素，100％全棉面料，舒适保暖，细腻柔软，有粉红、玫红、酒红、藏青四款颜色，是秋冬保暖和穿衣搭配的佳品，加之，“福”字寓意深厚，符合中国老百姓祈福保佑、福禄双全的愿景，深受观众喜爱。

（六）毛主席元素剪纸摆件

剪纸作为我国传统民间艺术，既有精湛的手工艺技术，又有着丰厚的文化底蕴，深受广大的老百姓喜爱，它是中国特有的风俗习惯，在重大节庆或者家中有喜事的时候，老百姓都喜欢在家中张贴和摆放剪纸来彰显喜庆气氛。

韶山毛泽东同志纪念馆将传统剪纸艺术与毛泽东元素完美结合在一起，开发了毛主席头像款、毛泽东故居款、福字十二生肖款剪纸摆件，采用有机玻璃装框，精致美观，可作为桌面摆件及装饰物品，售价为25元／件。

（七）PVC 可折叠花瓶

PVC 可折叠花瓶根据韶山毛泽东同志纪念馆馆藏元素毛泽东诗词名句、毛泽东书法、毛泽东印玺印文等开发而成，花样图案丰富，改变了以往玻璃花瓶颜色单一、无图案的特点，既有文化内涵又有实用性。此款产品为 PVC 材料，不用担心类似玻璃花瓶易碎的问题，绿色环保，节约能源，可折叠，不使用的时候倒掉水即可变成一张薄薄的塑料纸，收纳方便，节省空间，是家居、办公及馈赠亲朋好友的佳品。

二、文创产品开发经验

（一）文创产品开发概况

韶山毛泽东同志纪念馆在做好收藏、展览、研究和社会教育等传统文化事业的基础上，不断拓展新阵地，打造新平台，于2008年12月成立了韶山文

博文化发展有限公司，负责全馆文创产品开发系列工作。该馆研发了一系列具有本馆文化性、代表性、品牌性的红色文创产品，范围涉及藏品衍生品、仿制精品、创意产品等多个方面，产品种类日渐丰富，形成了一条以精品、塑像、像章、手书高仿真、瓷器、车挂、文具、日用品、工艺品、文化出版物等十大文创产品系列为主的产品链，共计156种284余款文创产品。产品以满足游客需求为导向，兼具纪念意义和实用价值，获得公众的广泛认可，近几年年均销售额达到1000万元。

（二）亮点做法

1.秉持正确理念，弘扬红色文化

韶山毛泽东同志纪念馆秉持“文博产业也是宣传，打造伟人文化品牌，提供优质文化服务，把毛主席纪念馆带回家”的理念，始终坚持正确的政治和发展方向，把维护毛泽东同志的光辉形象，弘扬伟人文化、红色文化放在重要位置，体制主导，程序把关，制度先行，始终把社会效益放在首位，力争社会效

益与经济效益的完美统一。

2.拓宽发展平台，打造实体店与微信平台共赢模式

韶山毛泽东同志纪念馆不断壮大发展夯实平台，现有5处文创产品实体商店。商店设计风格高雅、大气、新颖，与陈展和建筑风格融为一体，是纪念馆陈展、教育的延伸。同时，面对互联网裂变式发展对传播媒介和传播方式带来的新挑战。2014年，又创建了“天下韶山”官方微信服务平台，平台中的纪念商品板块主要是销售韶山毛泽东同志纪念馆开发的文创产品，分为收藏品、文创品、土特产三类，拓宽了产品的销售渠道，打造实体店与微信平台共赢模式。

3.产品研发坚持原创性、特色性和实用性

韶山毛泽东同志纪念馆一直走自主研发的路子，产品富有原创性。一是所有自主研发产品的设计元素、素材、创意均来自本馆或本地区，特色鲜明或具有唯一性；二是所有自主研发产品均由本馆自主设计或委托有实力的公司和团队设计和制作，确保设计原创；三是所有自主研发的产品上均有馆标及LOGO标志，所有产品均通过国家商标注册申报，确保所研发产品为本馆独有，并享有自主权。在特色性方面，紧扣本馆特色、韶山特色、伟人文化特色，所有自主研发的产品均是依托馆藏文物、文献、藏品等资源，具有韶山红色革命纪念地人文特色，深挖毛主席伟人文化内涵开发而成，特色鲜明。在实用性方面，始终坚持以满足不同层次观众的需求为导向，注重产品的观赏性与实用性相结合，精致化与平民化相结合，纪念性与文化性相结合，不断适应市场需求。如自主研发的毛主席皮拖鞋仿品、毛主席诗词文化伞、毛泽东诗词包袋系列产品，毛主席用过的铅笔仿品、毛泽东收藏名家名画系列包袋、主席“福”围巾等都是实用性强，文化特色浓郁的产品。

4.加大展销策划，扩大品牌影响

韶山毛泽东同志纪念馆先后赴新加坡、北京、上海、长沙、张家界、广州、杭州等多地展销文创产品，受到国内外观众的一致好评，并多次获奖。同时，利用“天下韶山”微信服务平台，以韶山毛泽东同志纪念馆为轴心，整合韶山及韶山周边红色旅游资源，打造区域旅游目的地，设有景区导览、票务信息、红色书屋、纪念商品、餐饮休闲等九大功能板块，一方面为文创产品的线

上销售拓宽了平台，另一方面也为游客参观韶山及周边乃至国内主要红色旅游景点在吃、住、行、游、购、娱等方面提供更为优质便利的服务。正是因为做到了这些，韶山毛泽东同志纪念馆文创产业在主营业绩和社会影响上均取得了可喜的成绩，现已成为湖南省红色文创产品开发的“领头羊”。

南昌八一起义纪念馆

南昌八一起义纪念馆成立于1956年，1959年正式对外开放，被称为“中国军史第一馆”。1961年被国务院公布为全国首批重点文物保护单位（含所辖五处革命旧址——总指挥部旧址、贺龙指挥部旧址、叶挺指挥部旧址、朱德军官教育团旧址和朱德旧居）。2007年7月，南昌八一起义纪念馆改扩建工程全面竣工并正式对外开放，陈展内容主要有新陈列大楼的南昌起义、人民军队的光辉历程基本陈列以及旧址复原陈列。2008年1月起，该馆向社会免费开放，是全国爱国主义教育示范基地、国家一级博物馆、国家AAAA级旅游景区、国家国防教育基地。

南昌八一起義紀念館
NANCHANG AUGUST 1ST MEMORIAL HALL

南昌八一起义纪念馆自成立以来，通过多种途径不断扩充馆藏，目前馆藏文物3000余件，其中一级文物13件，二级文物203件，三级文物891件。代表性文物有贺龙在南昌起义期间使用过的瑞士制造的金壳怀表、朱德使用过的M1896式德国造短管警用型毛瑟手枪、南昌起义时慰劳起义军的捐款收条与回信等。作为专题博物馆，南昌八一起义纪念馆在红色文化产品的研发和营销方面积累了比较丰富的经验。

一、代表文创产品

（一）纯铜第一枪

“第一枪”是具有代表性的序厅圆雕。雕塑由广州美院的院长黎明教授设计。一只强劲有力的大手从崩裂的石块中伸出，紧抠着步枪的扳机，寓意中国共产党在白色恐怖之中毅然发动南昌起义，打响武装反抗国民党反动派的第一枪。通过对游客进行问卷调查，该馆发现游客对序厅雕塑印象深刻，即以雕塑为原型，选择纯铜材质增强礼品的厚重感，制作仿序厅雕塑摆件——“石破天惊”铜枪，在包装上聘请专门的设计公司构思创意了新颖的木质弹药箱外形礼盒，并镶嵌金属质感的军徽，使其成为军史第一馆独特的礼品。

（二）兵娃娃卡通系列

针对年轻游客的兴趣喜好，着重年轻、时尚兼具纪念意义的设计理念制作了兵娃娃公仔系列。最初仅有陆、海、空三个石膏材质的小兵人模型，在产品跟踪过程中，根据游客提出的产品形象选择单一，外地游客携带易碎的情况，重新设计生产了一批树脂类卡通公仔，设计上更加可爱，形态上各具特

色，价格定位在15元 / 个。目前此系列产品已有十几个品种。此外，在卡通形象基础上进行衍生，开发出兵娃娃钥匙扣、兵娃娃磁性冰箱贴、八一行李牌等多样系列产品。

（三）点读笔

认真落实“一馆一品”的产业规划，着重书籍类产品设计，突破传统文字概念，尝试有声读物的研发，在书籍静态化的基础上，结合有声读物，搜集、整理解说词、背景音乐，全力打造视听相结合的点读画册，使游客在阅读的同时身临其境，更好地感受“八一”文化，也带动并激发民众走进纪念馆，认识纪念馆，进而喜爱纪念馆及其文化的热情。

（四）大吉羊快客杯

南昌八一起义纪念馆的前身是江西大旅社。当年，起义部队重要会议在旅社召开，旅社门窗上嵌有“大吉羊”字样。该馆研发设计了一款快客杯，杯身两侧及杯底分别嵌有阳刻和阴刻的“大吉羊”字样，大杯底部为八一馆LOGO，融入纪念馆元素，整套茶杯看上去色泽如玉，线条明快流畅，造型端庄浑朴，强调设计感的同时兼顾了公众日用品消费需求和礼品购买需求。

二、文创产品开发经验

2009年，南昌八一起义纪念馆全资成立南昌首义艺术品有限公司，专业从事文化创意产品研发、生产和营销。公司成立以来，根据国家红色文化战略部署，立足八一精神研究，吸取馆藏文物精华，在坚持做好馆藏文物复仿制品的同时，秉持古今融汇、以人为本、贴近生活的创作理念，把文化熏陶和教育功能与商品的传播性、实用性、多元性相结合，努力使不同国籍、年龄的观众都能在参观后选到心仪的文创产品，从而实现“把博物馆带回家”的美好愿望。

（一）放低姿态解决初期研发难题

一直以来，我国博物馆（纪念馆）在文创产品推广方面普遍存在着求大、求精、求新的观念，这使得大部分博物馆（纪念馆）特别是中小型博物馆（纪念馆）感到力不从心，很难有所作为。南昌八一起义纪念馆在创办艺术品公司推广文创产品之初，也面临同样难题，是倾其财力打造高端精品，还是从小着手树立特色军旅文化品牌？经多方考察权衡，该馆确立后者作为品牌经营战略，放低姿态，有条不紊地向前推进。在运营初期，为解决资金匮乏，规避经营风险，该馆采取自主研发与代销经销并存的营销模式，以“借鸡生蛋”和“拿来主义”的办法，通过代销、联合开发的方式，与上海博物馆、中国人民解放军出版社、景德镇陶瓷研究所、江西省美术出版社等多家单位开展合作，以求最短时间内延伸商品线，满足游客多样化需求，快速积累发展资金，运营当年累积发展资金达38万元。

（二）努力提升自主研发能力

获得一定的原始积累后，纪念馆持续加大自主创新产品的研发力度，不断完善和丰富产品种类，提升产品品质，选取最具馆藏特色的文物、艺术品和陈展场景为创作题材和设计灵感，自主开发“石破天惊”铜枪、明信片礼盒、金箔画、点读书、兵娃娃系列等一批美观实用兼具收藏观赏价值的文创产品，以表现烽火硝烟的南昌起义和人民军队成长的光辉历史。2011年该馆与南昌瓷板画研究中心合作，组建以南昌瓷板画传承人为首的创意团队，充分利用瓷板画这一南昌首个国家级非物质文化遗产和“八一起义”这一极具赣域特色的城市红色文化名片，打造高端红色典藏系列礼品。同时，针对大中院校学生群体集中性参观的实际情况，专门开发了主打年轻、时尚兼具纪念意义的中低端产品，如磁性礼品系列、卡通扇系列、笔记本系列、明信片系列、钥匙扣系列和时尚迷彩包袋等产品，深受学生青睐，销售额一直稳居前列。其中，仅磁性礼品系列就售出了3万余件（套）。初步实现“高端精品化，中端价值化，低端实用化”的产品分布策略。目前，纪念馆自主开发的文化产品已占全部商品的近40%，基本实现了文化创意商品的自主研发、销售一体化。

（三）以小巧精实的商品定位破解销售难题

营销策略的成功与否，直接影响销售业绩高低强弱。博物馆（纪念馆）文创产品营销策略的制定，始终是产业发展的软肋，掣肘销售量和运营利润的大幅提升。为制定灵活对路的营销策略，八一馆在公司运营中始终强调营销策略要接地气，要充分考虑观众消费观念和消费能力，要求营销员主动了解观众需求，实时掌握观众消费取向，为策略制定提供全面准确的信息。为此，该馆坚持每月对观众群体构成作详细的流量分析，针对变化特别是季节性、假日性变化，及时调整商品布局，以求准确适应观众需求。在掌握大量准确的观众需求信息后，该馆首先确立了“小巧精实”的总体商品定位，突出商品“便携性、纪念性、艺术性、实用性”，通过创意鲜明的文创产品延伸展览主题，区别于市场同质化程度颇高的旅游纪念品，以达到让观众通过购买产品实现更大范围地“把军史文化带回家”的宣传理念。其次，针对大中院校学生观众群体多而集中的实际情况，专门开发了主打年轻、时尚兼具纪念意义的中低端产品，如卡通扇、水晶系列等。它不一定很贵，但这些产品做工精美、材料环保、携带方便，富含浓厚的英雄城地域特色及军旅特色，便于更好地宣传南昌起义，传承八一精神。

（四）特色鲜明的个性定制赢在创意

没有灵魂的文化创意产品是没有前途的。文创产品推广关键在创意，富于馆藏与地域特色元素的有效运用是产品研发的源泉，而面向不同层次的个性化产品定制则是提升产品文化附加值的有效途径。八一馆立足于“军旗升起的地方”，着力在馆藏文物和陈列中挖掘“红”的元素和“军”的元素，并以文创产品为载体向广大公众推出，让红色文化融入现代时尚，让艺术与生活相互结合，为文创产品注入生命力。

上海自然博物馆

（上海科技馆分馆）

上海自然博物馆（上海科技馆分馆）坐落于上海市静安雕塑公园内，建筑面积445170平方米，是上海市重要的科普教育基地和公众社会文化交流平台。

上海自然博物馆的展示以“自然·人·和谐”为主题，通过“演化的乐章”、“生命的画卷”、“文明的史诗”三条主线，呈现了起源之谜、生命长河、演化之道、大地探珍、缤纷生命、生态万象、生存智慧、人地之缘、上海故

事、未来之路等10个常设展区及4D影院等教育功能区域。展示陈列了来自七大洲的11000余件标本模型，其中珍稀物种标本近千件。馆藏以收集华东地区乃至中国地区及世界各地自然界和人类遗物为目标。藏品区收藏藏品近29万件，隶属植物、动物、古生物、地质及人类五大类。植物又可分为种子植物类、蕨类、苔藓类、藻类、地衣类、菌类六类；动物可分为哺乳类、鸟类、爬行类、两栖类、鱼类、无脊椎动物、昆虫；人类分人类体质学与民俗人类学。其中植物标本数量15万余件，哺乳动物标本近4000件（包括骨骼、皮张），鱼类标本、鸟类标本（包括鸟巢、鸟蛋）、两栖爬行类标本各万余件，无脊椎动物标本近5万件，昆虫标本近3万件，地质标本5000余件，古生物标本7000余件，人类学标本3000余件（含民俗器物和19件古尸标本）。华东地区、青藏高原、南北极、云南热带雨林地区的标本是上海自然博物馆的收藏特色。馆藏国家一、二级保护动物5000余件，具有较高学术、历史价值的震旦博物院东南亚兽类头骨标本共计28种191件。

一、代表文创产品

（一）图书《它是一粒种子——上海自然博物馆新馆印象》

2015年年初，上海科技馆邀请叶辛、金宇澄、秦文君、郑宪章等十多位沪上知名作家、摄影家实地采风即将开放的上海自然博物馆新馆。大家以手中的笔与镜头，记录下这座与城市发展紧密相连、饱含着大自然百科知识的殿堂，抒发对灿烂自然与缤纷生命的讴歌与赞美，对人类文明继承与发展的无限向往。

该书于自博馆开馆百日正式发布，具有不一般的特殊意义。正如作家毛时安所写："可以想象，在不远的将来，参观过上海自然博物馆新馆的青少年，在走向广阔世界的时候，心里终生都会萌动着这里播下的那颗自然和科学的种子。就像我们怀念感恩老馆一样。"

该书图文并茂，由业内颇具盛名的上海文艺出版社出版、上海雅昌艺术印刷有限公司印制。它参评了"2015上海优秀科普图书"，其英译本也将于不久后面市。

（二）科普画册《美绘自然》

这本精心制作的科普画册，是与上海自然博物馆的新馆同时诞生的一本科普出版物。它精选了上海自然博物馆的科学绘画项目1600多幅绘画作品中的近150幅，绘画团队有来自美国、加拿大、中国台湾等海内外各地区的富有经验的专业科学绘画大师，也有上海本土的专业画家；同时还有遍布世界各地、涵盖各个学科门类的科学家和专业研究人员共同参与。

该书内容分为科学肖像画和科学解析图两个大类，涉及古生物学、地质学、现生生物学、分子生物学、天文学等多个学科领域，涵盖素描、国画、水粉、水彩、油画、彩铅等多种绘画技法，配合后期数字处理，呈现出丰富多元、异彩纷呈的视觉效果。

虽然随着数码技术的普及，照片已成为记录自然的重要载体。然而科学绘画则以艺术的技法精确再现自然万物之美，能帮助分类学家细致入微地记录和描述物种形态特征和结构特点，通过图解的方式表现物种的内部解剖结构，甚而解析更为复杂的自然运作的过程和机制。科学绘画以文字描述所无法表现的直观和美感在科学传播方面体现着巨大的优势，让普罗大众更易于接受和喜爱。本书在上海自然博物馆商店销售，非常受观众欢迎。

（三）《2016物候日记》

《2016物候日记》是一款以灵长类为主题，将本馆原创科学绘画与增强现实技术相结合，集科学性、艺术性、实用性、教育性为一体的文创产品。读者只要打开配套的“掌上自然品鉴”App，将摄像头对准科学绘画中的猿猴取景，鲜活灵动的灵长类世界便呈现在眼前：金丝猴抓耳挠腮、蜘蛛猴腾挪闪转、山魈仰天咆哮、大猩猩捶胸顿足……可从不同角度、不同距离欣赏这些动物，点击屏幕中悬浮半透明按钮，可阅读每个物种的形态特征、分类、生活习性等科学内容，欣赏更多精美图片。

（四）科学绘画系列

现有恐龙、灵长类、鸟类3册内容，每册涵盖12个物种，均以原创科学绘画与增强现实技术相结合的形式互动呈现每个物种的生物分类和物种特征信息。沿虚线撕下内页，可当作明信片邮寄，虚线处加盖骑缝章，每一张明信片都可以成为亲友之间独一无二的纽带。

（五）系列文创产品

为进一步扩大自然博物馆的影响力，拓宽科普产品的销售渠道，管理公司结合自博馆主题和展品展项的特点，开发了一系列自博馆科普文创产品，有纪念品类的纪念章、炫彩钥匙扣、水晶建筑内雕，邮政类的邮册、纪念封，服装类的文化衫、棒球帽、丝巾、领带，文具类的笔记本、花式书签、即时贴、鼠标垫、名片夹，标本类的昆虫钥匙扣、昆虫鼠标、昆虫开瓶器，矿产类的矿石礼盒、矿石挂件，出版物类的影视科普书、明信片、碟片，以及生活用品类的纸袋、雨伞、杯子、皮夹、冰箱贴等，共8大类98种商品，零售价在20——500元，兼顾了各个消费层次人群的需要。

上海自然博物馆
Shanghai Natural History Museum
上海科技馆分馆

二、文创产品开发经验

（一）纪念性强

拿“《它是一粒种子——上海自然博物馆新馆印象》书籍”案例来说，该书在开馆百日之际向公众出售，它的出版不仅是对于新馆开放百日的纪念，更是对自博老馆的怀念与记忆。

（二）创新意识强

拿“《美绘自然》科普画册”案例来说，该书是在国内毫无行业基础、几乎无法找到有经验的专业科学绘画专业团队的基础上，依靠上海自然博物馆展示工程团队的项目成员，从前期调研至全部完成，经历了从最初的毫无头绪，到建设方、艺术家和科学家的不断磨合，再到同时面临质量效果和工期的多重压力，最终建立起一整套较为科学高效的工作流程和质量控制体系。在一定程度上也对国内科学绘画行业的复苏起到了推动作用，也有较好的示范效果。

（三）设计感强

拿“上海自然博物馆《2016物候日记》”案例来说，产品整体设计秉持绿色、环保理念，采用古朴素雅的牛皮纸为外包装，轻便环保的瓦楞纸为支架，内嵌2016年月历、节气物候历、灵长类科学绘画三大版块，每版各12张。其中，节气物候历主要介绍了与中国传统二十四节气相对应的七十二候，从植

物、动物、气象等角度反映一年之中自然景致的变迁，月历和节气物候历背面可做记录自然变化的便笺。本产品将艺术人文元素融入自然科学内容与互动创意设计之中，为大众提供一种具有新时代民族特色的科普产品。

（四）多媒体技术的运行

增强现实技术是上海自然博物馆新馆的一大亮点，观众可以通过手机下载 App，观赏到静态的展品“活”起来的画面。此技术在文创产品中也得以运用。“上海自然博物馆《2016 物候日记》”与“科学绘画系列”都是基于增强现实技术的文创产品。拿“科学绘画系列”案例来说，增强现实技术将使静态的科学绘画焕发出崭新的、灵动的生命力。

磁州窑博物馆

磁州窑博物馆及广场位于河北省磁县（磁县古称磁州，是磁州窑的故乡，磁州窑文化的发祥地），是中国最大的磁州窑专题博物馆。博物馆陈列主题为“黑与白的艺术”，展出精品文物400余件，图片278张，其他辅助展品186件。内容分为：序厅——黑与白的艺术；窑火初燃——北朝隋唐时期；化境黑白——宋金元时期；余韵悠长——明清民国时期；美器由来——烧造工艺。磁州窑博物馆自2006年开馆，对社会实行免费开放，充分发挥了博物馆展示、宣传、教育的文化阵地作用，相继获得“国家AAA级旅游景区”、“国家二级博物馆”、“国家科普教育基地”、“省爱国主义教育基地”等称号。

磁州窑博物馆藏品丰富，种类繁多，共计藏品14500余件套，珍贵文物

共有2047件(套)。一级文物52件(套),二级文物96件(套),三级文物1899件(套)。其中,瓷器354件(套),陶器1561件(套),金器7件(套),铜器67件(套),铁器4件(套),玉器5件(套),砖墓志2件(套),其他(串珠)2件(套)。上报发掘磁州窑可复原成型器物9870件。磁州窑博物馆的藏品有从北朝墓群墓葬出土的青瓷覆莲罐、龙柄鸡首壶、青瓷碗等器皿,到明清时生产的枕、碗、盘、盆、缸多种珍贵器物。从馆藏的器物可以看出,古代磁州从北朝就开始烧造青瓷,唐末五代生产白瓷。而从北宋开始,磁州的烧瓷业经过长时间演变则形成了“白地黑花”的独特装饰工艺,在古代陶瓷史上独树一帜,形成了一个庞大的“磁州窑系”。

一、代表文创产品

磁州窑瓷品种类繁多，充分展现扎根于民间之强大生命力，其造型简约古朴，但装饰风格具有迷人的艺术魅力，尤其“白地黑花”装饰风格更形成磁州窑独特的装饰工艺，并在世界陶瓷史上独树一帜，影响广泛深远。台湾法蓝瓷与河北磁县以磁州窑博物馆为平台合作研发的“流光美影”磁州窑瓷品，既传承磁州窑产业，又赋予了它全新艺术价值。

（一）富贵牡丹梅瓶

取自宋代白地黑剔牡丹纹梅瓶，宋代流行之经典挺拔“梅瓶”结合立体雕塑和釉下彩，再现磁州窑典型白地黑剔花缠枝牡丹的黑白对比、活泼的装饰花纹，构图大方潇洒，颇具艺术性。

（二）福禄绽放荷花瓶

取自清代白地褐彩花草纹葫芦瓶，运用磁州窑白地褐彩技艺和传统葫芦瓶型，结合立体雕塑和釉下彩，凸显优雅玉荷亭亭立姿，白地黑花浅蕊粉彩的装饰特色。

（三）蝶恋牡丹瓷瓶

取自宋代白地黑花折枝牡丹纹矮腹瓶，磁州窑白地黑花技艺和传统矮腹瓶型，结合立体雕塑和釉下彩，表现运笔自由的富贵牡丹与飞翔粉蝶，赋予经典时尚新味。

（四）国色天香杯盘组

取自金代白地黑花缠枝牡丹纹梅瓶，磁州窑经典的白地黑花缠枝牡丹纹花饰，运用立体雕塑和釉下彩，创造出活泼的黑白两地杯盘组，呈现永恒经典时尚之美。

富贵牡丹梅瓶

福禄绽放荷花瓶

蝶恋牡丹瓷瓶

国色天香杯盘组

（五）富丽牡丹花瓶

取自宋代白地黑剔牡丹纹敞口瓶，磁州窑白地黑剔花技艺和优美长颈瓶，结合立体雕塑和釉下彩，演绎简约优雅的牡丹盛绽之美，再造经典时尚品位。

（六）风采芍药酒壶酒杯组

取自金代白地黑剔芍药纹花口瓶，优雅的花口瓶将磁州窑白地黑花芍药花纹技艺结合立体雕塑和釉下彩，创新出一壶四杯黑白交错的风尚酒器。

（七）喜愿福娃瓷偶

取自金代红绿彩童子像，金代磁州窑红绿彩瓷俑特色，以法蓝瓷雕塑和釉下彩瓷工艺，重新诠释质朴童趣服饰和扮相，创作收藏逸品。

（八）胡服骑射瓷瓶

“胡服骑射”是指战国时邯郸赵武灵王为了国家的强大，推行“胡服”、教练“骑射”的故事，表现出赵武灵王注重实用、勇于改革的形象。该瓷品既向大众设计了一件精美的艺术装饰瓷，又向大众讲述了一个意义深远的历史故事，也再现了当地雄浑壮丽的赵文化，体现了中国人睿智而自强的民族精神。

（九）举一反三酒器组

流光美影“竹、福”酒具，正反皆可饮酒，正面七小杯为一两，反面一杯为正面的3倍。这样的设计看可以使酒具的饮法多样，还有许多如“颠三倒四”、“九九归一”等具体的玩法，适应了当代人倡导的酒文化以及市场的需求。2015年4月，磁州窑法蓝瓷经典创意产品流光美影“竹、福”举一反三酒具被国家专利局认定为国家专利产品。

二、文创产业发展情况

（一）文创产品开发概况

磁州窑传统手工艺是磁州窑文化的主要表现部分，2007年被列为国家非

富丽牡丹花瓶

风采芍药酒壶酒杯组

喜愿福娃瓷偶

胡服骑射瓷瓶

举一反三酒器组

物质文化遗产。为更好地保护这项非物质文化遗产，进一步发扬光大，增加博物馆的互动功能，2008年在磁州窑博物馆东北侧建设了两座半地下式的磁州窑制作间，建筑面积共600平方米，作坊内部配备传统的制瓷原料、瓷器标本及制瓷工具，游客可欣赏专业制瓷师的制瓷工艺流程，也可在制瓷师的指导下亲自参与制瓷，学习制瓷知识并体验劳动的快乐。

为了使磁州窑陶瓷在原有生产工艺的基础上与时俱进，老树结新枝，创新磁州窑博物馆文化产品，2010年10月在首届海峡两岸中小企业论坛上磁县与台湾知名瓷器品牌法蓝瓷公司达成了合作意向。2011年1月起以磁州窑博物馆为平台，磁县与法蓝瓷公司合作试开发了第一批法蓝瓷和磁州窑在工艺和文化上相融合的产品——“流光美影”。该作品共4件套，以法蓝瓷最先进的制瓷工艺为表现，以磁州窑“白地黑花”装饰为内涵，成为引人注目的新陶瓷艺术品。2011年1月8日，在清华大学举行了“流光美影”新闻发布会，产品得到与会专家的一致好评以及良好的宣传效果。专家组出具鉴定书一致认为：河北磁县和台湾法蓝瓷公司合作研制的磁州窑经典创意瓷品“流光美影”具有黑白鲜明、素雅高贵的艺术特色，继承并弘扬了历史上磁州窑的装饰工艺、技术特点和传统创意。作品蕴含了磁州窑文化的深厚内涵和文化元素，也体现了台湾法蓝瓷的技艺和时尚的设计理念，优美的造型、洁白晶莹的瓷质和黑亮的彩饰，达到了一种流光溢彩的效果。

“流光美影”系列第一批产品一经面世，不到5个月就全部销售一空。2011年10月，“流光美影”系列又推出了第二批产品，社会反响良好。截至目前，已经开发了5批产品，共21件。包括富贵牡丹梅瓶、雅恋荷花笔筒、喜愿福娃瓷偶、国色天香杯盘组、鱼与荷塘瓷瓶、蝶恋牡丹瓷瓶、芍药酒壶酒杯组、童戏风筝瓷瓶、童与雅荷瓷瓶、绶带鸟瓷瓶、举一反三酒器组、文房四宝、胡服骑射瓷瓶等，瓷品定价在2800—9800元不等。其中，“竹、福”酒具被认定为国家专利产品。

“流光美影”瓷器，黑白对比，温文典雅，瓷质洁亮，流光溢彩，已成为邯郸市委市政府和县市各部门对外宣传馈赠礼品，产品也开始受到省政府关注。经过市场试销售，获得社会各界的高度赞誉，台湾法蓝瓷公司已于2013年和磁县政府签订了合作协议，投资8000万元在磁县建立研发生产基地，登记注册了“邯郸法蓝瓷磁州窑瓷业有限公司”，并投入试运营。

（二）亮点做法

磁州窑博物馆和台湾法蓝瓷公司联合启动的对新概念磁州窑陶瓷的研发项目，将法蓝瓷的现代工艺和磁州窑的传统工艺相结合，对瓷土进行科技处理，装饰釉料科学改良，制模技术再度创新，研发创造具有现代审美理念和传统装饰艺术表现内涵的新概念磁州窑，再创了地方陶瓷文化新品牌。创烧的五批“流光美影”系列新概念瓷品，以磁州窑经典瓷品为蓝本，用黑白分明、晶莹剔透的釉色来代表磁州窑的恬静，用浅浮雕和立体浮雕来代表与时俱进，形成了一种黑白鲜明、素雅高贵的艺术特色和中西结合的风格。

1.技术过硬

台湾法蓝瓷传承东方美学经验，创作具有当代时尚风格的瓷艺精品，获奖无数，并在全球拥有近6000个销售网点，其“倒角脱模工法”获全球独家专利。法蓝瓷公司在广泛调研、科学分析的基础上，与磁州窑传统的装饰艺术相结合，运用法蓝瓷生产技术，选择先进的工艺技术，整合国内优势企业及优势资源，生产出了高质量的磁州窑法蓝瓷“流光美影”系列瓷品。该系列产品工艺先进，能耗较低，符合国家产业政策，为重点扶持对象，产品有着较好的经济效益和良好的社会效益。

2.创新设计

“流光美影”磁州窑瓷品以磁州窑之经典瓷品为创作灵感，运用黑白色的鲜明对比，开发结合传统与现代之瓷品，再现磁州窑瓷品的风华和价值。它保留古器之造型、立体雕塑之花卉，法蓝瓷以全新质感诠释磁州窑之风采，以求真的科技、求美的艺术与求善的人文创造经典，成就独树一帜的风格。瓷品自古老民窑重新绽放，为千年文化增加时尚美感。该产品有如下四个特点。

一是在设计上体现自己的独特风格。法蓝瓷与磁州窑元素的结合，以古鉴今，融贯中西，比如“流光美影”花瓶系列的设计，底端用砌和刻的方式来表达磁州窑的重要元素，用黑白分明、特别晶莹剔透的釉色调来代表磁州窑的恬静，用浅浮雕和立体浮雕来代表与时俱进，形成一种现代的时尚感，这种黑白分明的布局，也是西方人较为青睐的风格。同时，磁州窑的装饰纹样是磁州窑的工匠们创造出来的，它浓缩了中国传统文化的精髓。吸收、利用磁州窑的装饰，用法蓝瓷加以融合，推陈出新。

二是体现既美观又实用的价值。比如流光美影“竹、福”酒具，正反皆可饮酒。这样的设计使酒具的饮法多样，适应了当代人倡导的酒文化以及市场的需求。

三是在颜色上的大胆变换。磁州窑还有一个重要的创造，那就是红绿彩，红绿彩按照磁州窑和法蓝瓷风格的结合是非常漂亮的创意。同时，法蓝瓷的色彩运用大部分是渐变的，而磁州窑则是整块，这在法蓝瓷的风格中独树一帜。如“流光美影”瓷品喜愿福娃瓷偶的设计就运用了磁州窑红绿彩的装饰技法。

四是设计的深远意义。磁州窑和法蓝瓷的结合不仅为磁州窑的创新开辟了一条新路，而且也为中国陶瓷的创新树立了榜样，其意义在于“流光美影”是磁州窑风格的传承，也是创新风格的表现，反映了传统文化与现代特色的结合，亦为民族特色与国际化风格的融合。故宫博物馆研究员、资深陶瓷专家王莉英则认为，“流光美影”作品蕴含了磁州窑文化的深厚内涵和元素，也体现了法蓝瓷的技艺及时尚的设计理念。磁州窑和法蓝瓷的结合，不仅为磁州窑的创新打开了一个新路，而且也为中国陶瓷的创新树立了一个榜样。意义在于，它既是磁州窑风格的传承，也是创新风格的表现，反映了传统陶瓷大陆风格和台湾陶瓷文化的结合。法蓝瓷不仅仅很中国，也吸收了好多国外的、时尚的西方陶瓷的造型风格，这种风格既是传统与现代的结合，也是民族特色和国际化风格的结合，这也是两岸文化结合的一个具体体现。

3.文化营销

文化营销向消费者推销的不仅仅是单一的产品，而是在满足消费者物质需求的同时还满足消费者精神上的需求，给消费者以文化上的享受，满足他们高品位的消费。知识经济时代，人们在消费物质形态产品的同时，更加注重消费文化形态的产品。从这个角度看，企业最大的效益是由文化创造的，利用文化力营销，从而优化资源配置，推动经济发展。磁州窑之所以在世界陶瓷史上占有一席之地，不仅是它有独特的造型和色彩，更重要的它是中国陶瓷文化艺术精神的集中体现。法蓝瓷一直以来注重瓷器的文化营销，如今把磁州窑和法蓝瓷结合起来，最终是在精神和艺术层面上的结合。例如“流光美影”胡服骑

射瓷瓶，既向大众设计了一件精美的艺术装饰瓷，又向大众传递了一个意义深远的历史故事，也再现了那雄浑壮丽的赵文化，体现了中国人睿智而自强的民族精神。“流光美影”系列瓷器以瓷载道的文化内涵和高瞻远瞩的对中国文化和世界潮流的把握，体现了中国陶瓷最深刻的精神内涵，也指出了中国陶瓷今后走向世界、走向所有人的生活、走向人们内心的一个根本路径，就是我们不仅要把它当作实用品，最终留下来的应该是其深厚的文化因素和文化精髓，这种传承应在所有的创新作品中得到体现。

“流光美影”系列瓷品是磁州窑和法蓝瓷实业有限合作的第一个尝试，也是一个成功的尝试，它为开发磁州窑文化创意产业迈出了第一步。

观复博物馆

观复博物馆是一家非国有博物馆，于1997年1月18日正式开馆，马未都先生为创办人及馆长，目前为理事会制。在2004年6月18日揭晓的“首届中国收藏年度排行榜”中，观复博物馆入选中国十大民间博物馆。观复博物馆的独特魅力吸引了国内外许多知名人士。故宫博物院、美国大都会博物馆等海内外研究机构的专家同行曾专程前来交流切磋。美、英、德等国大使、公使，香港实业家李嘉诚，IBM、时代华纳、微软等大公司负责人等众多人士都曾兴致勃勃地参观过观复博物馆。

2004年观复博物馆扩建，现设有家具馆、陶瓷馆、门窗馆、油画馆、工

觀復博物館
GUANFU MUSEUM

艺馆和多功能馆等6个展馆。观复博物馆正式对公众开放以来，已举办了十多个展览。1999年为配合世界建筑师大会，观复博物馆举办了中国古建筑门窗及陈设展。2003年中法文化年，这个展览又远赴法国巴黎，在法国的非洲及大洋洲博物馆再次举办。2009年为庆祝国庆六十周年，观复博物馆举办了“百盒千合万和”及“座上宾”特展。2010年举办了“瓷之色”特展；2013年举办了“瓷之纹”特展。2014年9月至今正在举办“玉之器——中国古代玉器展”。除办展览外，观复博物馆还不定期地组织有关学术交流及文物知识讲座，为收藏爱好者提供艺术品鉴定服务以及个人藏品展览服务。

一、代表文创产品

文化创意产品不是对传统文化的简单复制，而是依靠人的灵感和想象力借助科技对传统文化的再提升。观复博物馆推出的系列文化创意产品及服务深受大众及企业的青睐，每一件产品都配有精致的说明书，说明纹饰的出处、原始器物的介绍和吉祥寓意等文化信息，让大众在购买商品的同时又得到了一次中国传统文化的享受和精神的提升。

（一）特色出版物

自1992年马未都先生撰写出版了《马说陶瓷》一书起，至今观复博物馆已陆续出版了《明清笔筒》、《中国古代门窗》、《马未都说收藏》、《醉文明》（一至六册）、《瓷之色》、《瓷之纹》、《出门》、《闲在》、《茶当酒集》等著作，受到广大读者的欢迎。

（二）创意文化拖鞋

观复博物馆的创意产品设计独特，与市场同质商品相比更具创新、更具特色。观复的创意文化拖鞋采用了“佛八宝”系列纹饰设计，它取自观复博物

馆所藏清乾隆青花佛八宝纹天球瓶。佛八宝亦称“八吉祥”，分别为轮、螺、伞、盖、花、罐、鱼、长，各具不同的象征意义，有生命不息、好运常在、取得成功等吉祥寓意。观复博物馆将“佛八宝”分别设计在拖鞋上，均为直脚设计，每两只均可自由搭配，组成一双。他们经常遇到参观者，买齐八只拖鞋，共四双，将“八吉祥”带给所有的家庭成员。此款拖鞋是博物馆商店销量最好的商品之一。

（三）创意男女款 T 恤衫

2009年9月，观复博物馆为庆祝国庆六十周年推出“座上宾”——中国古代椅具展和“百盒千合万和”特展，观复博物馆运用中国古代典型椅具形制特别制作椅具系列 T 恤衫及限量纪念版“百和丝巾”，适时地通过不同的特展将中国传统文化以展览和产品流通形式再次推广与传播。他们设计的这款椅具 T 恤，将椅具印制在背后，因为椅具的最初功能是倚靠的意思，他们在男款的 T 恤背后印制了女人专坐的椅子——梳背椅，在女款 T 恤背后印制了男人专坐的椅子——官帽椅，意为男女之间要相互依靠、相互融合的意思。这种将传统文化和现代生活理念相结合的设计是创意礼品的创新特色。

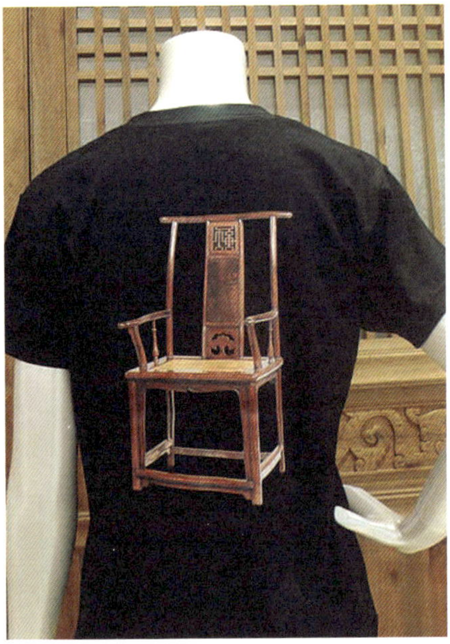

（四）石塑艺术系列

石塑：纯真

石塑：无忧

（五）创意生活用品

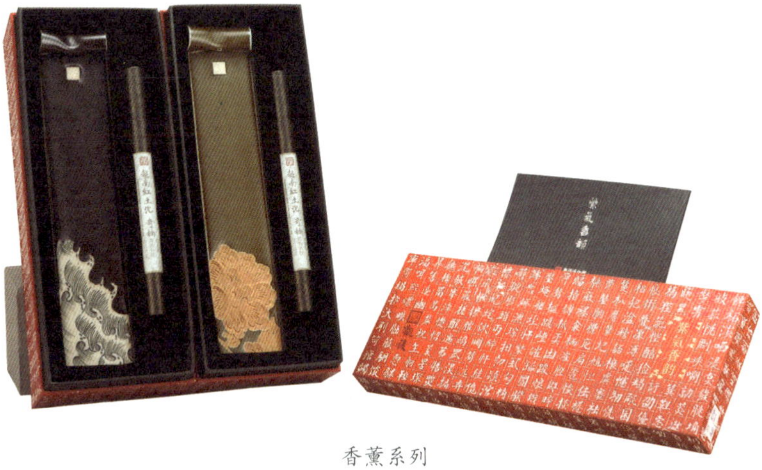

香薰系列

二、文创产品开发经验

（一）文创产品开发概况

观复博物馆成立以来，一直致力于中国传统文化的传播，由于是自筹资金、自负盈亏办馆，仅靠门票收入真是杯水车薪，维持博物馆正常运营的资金缺口很大。但经过几年的努力，除了馆藏文物的增加，无形价值也日益增大，日积月累的品牌价值逐渐凸显出来，目前观复博物馆已经实现了自我良性运转。观复博物馆从国外的经验了解到博物馆的主要利润除了赞助，很多都来自品牌创造的价值，其中文创产品的销售是品牌价值的重要体现，在观复博物馆的未来发展计划中最重要的资金支持将是来自文化创意产品的开发和销售。

观复博物馆商店自2009年1月18日正式运营，不仅是一个经营场所，也是博物馆文化形象重要的展示窗口，独具特色的商店设计与产品设计都深受观众喜爱。根据马未都馆长的核心设计理念“古老文化符号生活化”，观复博物馆自2008年起集合了国内优秀的设计团队和研发人才，将博物馆馆藏品中具有中国传统文化特色的纹饰和象征符号与现代商业相结合，设计并组织生产了具有博物馆特色的文化创意产品。产品类型包括家居类、服饰类、办公用品类、艺术复制品类等，主要产品有围巾、领带、睡衣、成衣、T恤、拖鞋、毛巾、餐垫、桌旗、杯垫、靠垫、纸巾盒套、纸制整理箱、首饰盒、首饰包、眼镜包、针线篮、化妆镜、化妆包、雨伞、笔记本、名片册、便签盒、笔袋、文件包、包装纸、艺术复制品等。

观复博物馆文创产品自问世以来因其独特的设计、优良的品质、兼具实用性和艺术性，深受广大民众和企事业单位的肯定和喜爱，并屡次获得国家级、北京市文化创意产业的相关奖项。

随着人们生活水平的不断提升，人们从吃饱穿暖转变至对生活品质的追求。观复博物馆文创产品正是迎合了人们提升生活品质与追求更深文化层次的需求，进而受到了更多人的关注与喜爱。观复博物馆将继续倚靠博物馆这一文化传播平台，研发出具有观复博物馆品牌特点，并兼具创新性、实用性的文创产品，从而满足各界消费者的期待与需求。

作为传播中国传统文化的新兴产业，观复博物馆所从事的“观复博物馆艺术衍生产品的研发”项目是以创意商品为平台，以“向中国乃至世界推广和传承中国传统文化”为理念，所获得的社会效益显著，经济效益明显，已成为所在行业的典范，并可有效带动着博物馆行业企业快速、健康发展。

（二）亮点做法

观复博物馆的研发团队兼具对中国传统文化的深刻认知和对现代商业的敏锐洞察力，以创意为龙头，以中国传统文化为核心，以时尚产品为载体，将中国的传统文化推广至全国乃至全球。

1.文创面向社会

观复博物馆为一些企业和单位提供更多、更全面的文创产品开发服务，针对一些特殊单位，结合中国文化与该企业的文化进行个性化产品设计，从产品内容、材料选择、质量监督、包装设计等环节提供一条龙服务。

2.注重知识产权保护

观复博物馆文化创意产品已向国家版权局申请注册了34项商品的著作权，向中国知识产权局申请了一项外观专利权。

3.多地开设商店、专柜

观复博物馆文化创意产品的设计研发与生产销售已初具规模，目前“观复博物馆商店”在北京后海、十里河及厦门、重庆均有分店。在未来，计划在更多的城市开设分店或专柜，以期更好地推广具有观复博物馆特色的文创产品，让更多的人能从这些商品中获得更多的艺术与中国传统文化的享受。

国外案例

史密森博物院

美国的史密森博物院（Smithsonian Institution），又译作史密森学会、史密森研究院或史密森尼学会等，是世界范围内规模最大的博物馆和研究机构综合体，共包括19座博物馆和美术馆，1座国家动物园，以及9个研究中心。博物馆系统中，除美国印第安人博物馆海伊中心和库珀·休伊特史密森设计博物馆位于纽约市外，其余各博物馆均坐落于首都华盛顿特区，主要有国立非裔美国人历史和文化博物馆、国立非洲艺术博物馆、国立航空航天博物馆及乌德沃尔哈齐中心、史密森美国艺术博物馆、国立美国历史博物馆、国立美国印第安人博物馆、阿纳科斯提亚社区博物馆、赛克勒美术馆、弗利尔博物馆、赫希霍恩博物馆和雕塑园、国立自然历史博物馆、国家肖像馆、国立邮政博物馆、伦威科美术馆、史密森博物院大楼、艺术与工业大厦等。华盛顿地区还有一座隶属于史密森博物院的国家动物园。

史密森博物院建立于1846年。英国科学家詹姆斯·史密森（James Smithson，1765—1829）死后将50万美元的财产捐献给美国，要求“在华盛顿以史密森博物院的名义，建立一处增进和传播知识的机构”。1846年8月10日，美国总统签署国会法案成立史密森博物院，由史密森董事会和秘书长经营管理。迄今，史密森博物院已经建立近170年，早已成为世界范围内规模最大的博物馆和研究机构综合体。史密森博物院宣称，其使命是“增进和传播知识”，愿景是“通过保护遗产、发现新知识和与世界分享资源来塑造未来”，其价值在于“发现、创造、卓越、多元、诚信、服务”。

史密森博物院藏品丰富。据最新统计，共有1.38亿件文物、艺术品和标本，其中有1.27亿件标本和文物为国立自然历史博物馆所有；已有9300万件藏品能够通过藏品搜索中心查看数字化记录；史密森博物院的图书馆收藏有200万卷图书；而各档案馆中收藏有156830立方英尺的档案材料。这些藏品代表了美国丰富的遗产，代表了来自世界各地的艺术，以及自然和文化世界中巨大的多样性。史密森以及来自世界各地的学者和科学研究者们，利用这些广泛的藏品进行研究，扩展人类的知识。

据统计，史密森博物院已经举办的展览共有4578个，目前展出的展览221个，另有32个展览正在筹备中（截至2015年年底）。展览大体可分为艺术与设计、历史与文化、科学与技术以及孩子们最喜欢的等主题。2015年，公众参观数为2670万人次；网络访问者为1.16亿；社交媒体追随者为800万；员工6511人，研究人员721人，志愿者12047人。

从历年观众统计看，史密森博物院是美国最受观众欢迎的博物馆群。从1970年开始有系统的观众数据统计，当时观众1300多万人，到今天接近3000万人的参观量。

一、代表文创产品

史密森博物院文化创意产业所涉及的领域相当广泛，这里介绍其部分特色文创产品。

（一）城市邮件袋（City Mailbag）系列产品

这一系列产品的创意源自国家邮政博物馆的藏品——一种19世纪60年代到20世纪80年代城市邮递员所使用的斜挎肩式的皮质邮件书包，邮递员往往能够以一对这种极为耐用的书包携带重达70磅的邮件，以至于1973年一种更为轻巧的帆布书包引进后，邮递员们仍愿意选择这种皮质书包。

依此创意开发的这件太阳镜/手机套，长约13.3厘米，宽约9.5厘米，深约1.3厘米，可同时收纳太阳镜和手机，有内衬，以做旧的全粒面牛皮精巧制作，带有复古风格的铜扣。售价为49美元，促销价格为23.99美元。同一系列的产品还有皮质钱夹，带拉锁的全封闭 iPad 套，带拉锁的全封闭手机套以及斜挎包等，价格为69—269美元不等。

（二）杰奎琳·肯尼迪（Jackie Kennedy）个人物品主题系列产品

至今仍有数以百万计的民众珍视对曾经的第一夫人杰奎琳·肯尼迪的记忆。杰奎琳的时尚选择相当时髦——超大的太阳镜、玻璃珠、其标志性的珠宝、简洁的坦克手表——这些至今仍很符合潮流。作为国立美国历史博物馆藏品的纪念品，这一系列的产品唤起了人们对肯尼迪风格的兴趣，也令人回想起最受欢迎的展览之一“第一夫人”中所展示的许多杰奎琳的个人物品。

这款太阳镜是杰奎琳在作为第一夫人的年代里标志性的时尚表现，复制品仿造其原件，在太阳穴附近部分嵌入了希腊回纹装饰，这是一种永恒生命的象征，并带有产品授权许可。尺寸大约为13厘米宽，6厘米高。这款创意产品在史密森博物院是最畅销的商品之一。

其他产品亦多仿制杰奎琳曾经使用过的物品，如手表、戒指、耳饰、坠饰、各种手链和手镯，以及各种项链等，价格在45—165美元。大部分产品都进入最畅销商品目录。

（三）“闪光的世界”展览及其创意产品

珠宝制作长期以来就是美国西南部土著居民生活的重要组成部分。在过去的50年中，西南地区的土著珠宝匠们——特别是纳瓦霍人（Navajos，美国最大的印第安部落）已经创造出一种当代的审美方式，即利用传统材料来反映对诸如美丽、向中对齐以及平衡等文化价值观的坚持。为此，国家美国印第安人博物馆于2014年11月开幕的“闪光的世界：Yazzie 家族的纳瓦霍珠宝”展览，将镜头对准天赋异禀的 Yazzie 家族——当今最著名的珠宝制作家族，Lee Yazzie 及其弟弟 Raymond 所制作的银、金和石头镶嵌作品已经赢得行

业领域中每一个重要的奖项，他们的姐姐 Mary Marie 则擅长制作结合精美珠子和石雕工艺的珠宝，不同凡响，其他的姐妹们则制作银珠。该展览展出了近300件由部分 Yazzie 家族成员制作的当代珠宝样品，与博物馆所收藏的历史物件一起，将纳瓦霍人珠宝制作置于其艺术和商业的历史背景之中，表明其作为一种艺术表达的发展，探索了其象征主义背后的价值。

为配合此次展览所推出的创意产品，如以绿松石为特色的纯银半穹顶造型手链，纯银玉米造型项坠，以及绿松石与黑石壳（Heishi Shell）项链等。

（四）非洲艺术博物馆商店专利商品

非洲艺术博物馆展出整个非洲大陆最为精美的传统和当代艺术作品，展现非洲艺术的卓越性和独创性。博物馆商店开发了数量众多与展览和藏品密切相

野生动植物碗

关的产品，充满活力的珠宝、服饰，令人惊艳的家居装饰等，都是博物馆精心选取的艺术和日常生活物品的直接代表。

这组令人惊艳的陶制野生动植物碗很好地融合了制陶和编织两种传统的斯威士（Swazi，位于非洲东南部）工艺，由熟练的斯威士制陶工使用有机土手工轮制而成，并手绘生动、抽象的野生动植物图案主题，然后再移交给编筐工匠，将碗的图案融入他们用野生山草和剑麻编织筐边的风格。图中这几个陶碗的图案风格分别以多元模式、长颈鹿、斑马和豹子为主题。这类创意产品会令人联想到非洲艺术博物馆所收藏的大量复杂图案的碗。

（五）航空航天博物馆商店专利产品

航空航天博物馆是参观人数最多的博物馆，商店中的书籍、服装、风筝、玩具以及其他多种商品令人惊异，也展示了人类飞行的巨大成功。专利产品非常多，有令人耳目一新和眼花缭乱之感。

特色文创产品不胜枚举，例如以诸多博物馆藏品中“猫的形象”（cat-

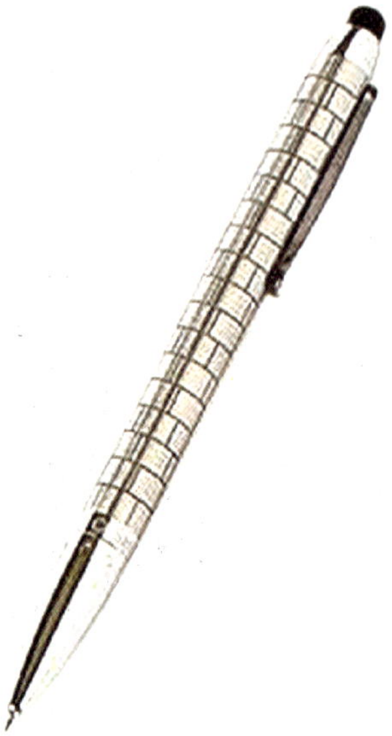

史密森航天飞机铁笔/圆珠笔

themed)为创意主题的系列产品，在目前产品目录中列有32种；再如以“樱花”(cherry blossom)为主题的产品，目前产品目录中列有42种，等等，种类繁多，深受参观者喜爱。

这款两用笔系仿制在乌德沃尔哈齐中心(Steven F. Udvar-Hazy Center)所展示的“发现号”航天飞机瓷砖式外立面，圆珠笔一端为旋拧式，铁笔一端为橡胶帽。约13.4厘米长，直径1.06厘米。

二、史密森博物院文创产品开发经验

(一)史密森博物院文创产品开发概况

史密森博物院有众多的商店，为参观者提供独特的购物体验。博物馆商店中的产品反映了对过去形象的珍惜、当今充满活力的艺术以及在博物馆中所发现的科学精华。

史密森博物院文创产品的特色是：其一，以藏品为核心。藏品是所有文创产品之灵感和启发的源泉，其中有很多产品还为史密森博物院所独有。其二，产品多元，种类多样，包括珠宝、衣服与配饰、家庭装饰、书籍和媒体、玩具等，贴近生活，大多数产品都具有很强的实用性。其三，文创产品的价格分多种档次。参观者可以花少则几元钱，多则数百元购买到与博物馆相关展览和藏品密切相关的专利商品。所有在史密森博物院购买的商品都会同时带有一张博物馆认证卡，说明这件商品源自或是受到博物院的一件或数件藏品的启发而来。

史密森博物院的运营经费中相当大的一部分来源于年度联邦拨款，如相关设施场所的建设、维修和修复等，以及某些场所设施的建设资金都来自联邦政府拨款，而有些则是由政府和私人资金混合资助。除了联邦拨款外，史密森博物院有私人资助、政府奖励、投资收入以及各种商业活动的收益。史密森的文化创意产业与其商业活动密切相关，且相当活跃。

史密森博物馆的文化创意产业主要包括史密森杂志、其他出版物、网络在线目录，以及坐落于各博物馆和中心内的剧场、商店和餐饮服务等。根据史密森博物院的年度报告，史密森企业（Smithsonian Enterprises）通过运营博物馆商店、餐厅、剧院、史密森目录、《史密森和航天》杂志及其附属网站、史密森图书、史密森频道、史密森网站，经过许可的教育和消费产品，以及为成年人、家庭和学生所设计的旅行项目等获得收益，为博物院及其博物馆提供大量资金。

文化创意产业2008—2015年的收入在1.38亿—1.56亿美元，纯收益则在2670万—3620万美元，且呈现逐年增长的趋势。

（二）史密森博物院文创产业经营管理的亮点

史密森博物院不仅有多元化的文化创意产业布局和充满特色的文创产品，也很注重对文创的经营和管理。

史密森博物院的大部分博物馆都分布在首都华盛顿地区，国家广场（National Mall）一带尤为集中，这里也是游客聚集的中心。各博物馆充分利用地理优势，在馆内的优势位置设置博物馆商店，在一些规模较大的博物馆中

非洲艺术博物馆商店

邮政博物馆商店

甚至设有多家商店，如自然历史博物馆中就有宝石与矿物商店、艺术品商店、哺乳动物商店、家庭商店等。这些馆内商店或有不同的销售商品主题，或分布于馆内不同楼层。

这些商店大多商品种类繁多，琳琅满目，摆放和布局温馨、舒适，很多商品具有史密森博物院或具体某一座博物馆的独有特色，在这里以外的地方购买不到，商品价格分布广泛，高低贵贱均有选择的空间，还常常会举办促销活动，提供打折商品。许多博物馆商店都是门庭若市，前来光顾、选购的顾客络绎不绝，结束参观后逛逛博物馆的商店已成为很多观众博物馆体验的一个组成部分。

随着互联网时代的来临，史密森博物院亦迎合时代需求，通过内容丰富的网站经营、管理、发展其文化创意产业。史密森博物院官网相关信息异常丰富，此外还有史密森杂志、史密森频道、史密森图书、史密森旅行等网站，配合其相关文化创意产业的宣传、运营。久负盛名的史密森博物院商店也设有专门的网站“史密森商店”，全部商品按照珠宝、服装配饰、家庭装修、图书与媒体、玩具等分类，亦可通过不同的博物馆商店搜索商品。此外还设有“最畅销商品”和“促销”等内容，搜索信息通畅。网站还提供商品定制、礼品包装服务等。

特许经营、注重品牌效应也是史密森博物院发展文化创意产业的方式之一。博物院与众多具有良好口碑的品牌合作，在为观众提供更有保障、更为放心舒适的品牌服务的同时，也提升博物馆的收益。史密森博物院的诸多博物馆中都附设有餐厅，或为各种咖啡馆 / 餐厅，或是快餐品牌麦当劳、赛百味等。其中尤为著名的是美国印第安人博物馆的餐厅 Mitsitam Café。“Mitsitam”一词在特拉华和皮斯卡塔韦人的本地语言中的意思是“让我们吃”，这家餐厅提供受西半球即北伍德兰、南美地区、西北海岸、中美洲以及大平原等五个地区当地菜系启发的食物，丰富了观众们的博物馆体验。该馆的策展人 Davis 曾开玩笑地说“如果我们的展览也像我们的餐厅这么吸引人就好了”。

大都会艺术博物馆

大都会艺术博物馆（Metropolitan Museum of Art，MET）是美国最大的综合艺术博物馆，也是世界著名的四大博物馆之一，位于纽约中央公园一侧，占地13万平方米，藏品多达200万件以上。大都会艺术博物馆与古根海姆博物馆等构成了纽约著名的“博物馆一条街”。

大都会艺术博物馆兴建于1870年，其历史可追溯到1866年，1872年开放。馆藏有十七大类，包含埃及、巴比伦、亚述、远东和近东、希腊和罗马、欧洲、非洲、美洲前哥伦布时期和新几内亚等各地、各个历史时期的艺术品、生活用品、建筑、武器、乐器、服装等藏品。馆内有五大展厅，分别为欧洲绘画、美国绘画、原始艺术、中世纪绘画和埃及古董展厅。其中，又具体分为希腊和罗马艺术、武器与盔甲、欧洲雕塑及装饰艺术、罗伯特·莱曼收藏品、古代近东艺术、远东艺术、伊斯兰艺术、19世纪欧洲绘画和雕塑、素描、版画和照片艺术、20世纪艺术、亚洲艺术、乐器、服饰研究和临时展览等陈列室和展室。大都会艺术博物馆经常举办临时展览和特别展览，如2015年5月至8月的特展“中国：镜花水月”，这些展览都成为纽约乃至世界的“轰动性展览”。馆长托马斯·坎贝尔（Thomas Campbell）在总结2014年大都会艺术博物馆展览成就时说：仅仅三个展览就给纽约市带来了超过4亿美元的收入！

一、代表文创产品

大都会艺术博物馆的每件文创产品都要经过大都会的艺术家、历史学家反复研究，设计师和工匠师傅们精细制作而产生，他们会尽其所能提高产品的质量，并忠于原物，因此具有极高的艺术价值和经济价值。

大都会艺术博物馆和其他博物馆一样，文创都是利用博物馆藏品作为创意的要素，最主要的是各种花纹和图案。但所有的产品均设计感强，制作精良，令人爱不释手，在市场上有高辨识度和认同度。

热销的各种休闲包，25—75 美元不等

市场最热捧的书夹，125 美元

时尚的耳环系列，价格高于施华洛世奇等大品牌

二、大都会艺术博物馆文创产品开发经验

(一)大都会艺术博物馆文创产品开发概况

大都会艺术博物馆不仅藏品包罗万象，展览丰富多彩，活动项目令人目不暇接，其在文化创意产业方面也走在世界前列，是全世界最早开发经营文创产品的博物馆之一。几十年来，其在文创产品上的盈利一直在世界范围内首屈一指，鲜有可匹敌者。

1874年，该馆首开先河，邀请当时纽约著名的摄影师派克(Gotthelf W. Pach)为典藏品拍摄专题照片，用于销售，这些专题照片即展品图录的前身。1949年，该馆首家博物馆商店正式对外营业，除书籍、图录等博物馆出版物外，率先经营其他与博物馆相关的文化产品。这个做法大获成功，其他博物馆看到如此好形势，也都纷纷跟进效仿。某种意义上讲，大都会艺术博物馆开创了博物馆商店盈利的先例。商店体系越来越完善，无论咖啡馆、餐厅还是礼品店均经营有方，其产品种类日趋丰富并逐渐稳定为图书画册杂志、明信片、文具、家居用品、装饰、珠宝首饰、礼物礼品、卡通、艺术品(工艺美术品)、儿童商店等数十个门类，仅以单品计算，每年累计开发各类文化产品2万余种。

整体来看，大都会艺术博物馆文创产品大致分为九大类，分别是珠宝首饰、手表、书籍、雕塑与摆件(书夹、摆件等)、明信片与印刷品、家居用品、文具日历、儿童用品、服装与配饰等。每一种类又分为若干小类，再下分为单品或款型。

以2015年第四季度供应的商品品种为例，珠宝首饰就包括了耳环74款，项链42款，饰品39款，胸针34款，手链手镯33款，戒指7款，珠宝套装4款，袖口链扣3款，领带夹1款等近10种。手表则分为腕表和装饰表等，共有女表11款，男表3款，装饰表2款，手链表1款。质地涉及几乎所有的材料。

书籍是博物馆文创中的大宗，包含学术著作、展览画册、专题图录、儿童书籍、科普、艺术普及、CD和DVD，大都会丛书等，共有237种。

家居用品包括雕塑40款，玻璃制品7款，碗6款，杯垫6款，花瓶6款，马克杯5款，餐厅用品5款，家居饰品3款，盘子3款，枕头套2款，餐厅垫

布2款。

儿童用品一项也是大都会艺术博物馆文创的重点和亮点，品种非常丰富多样，创意满满，有儿童精品书22种，动手书10种，拼图10种，盒装书9种，儿童纸艺5种，玩具4种，带CD的书3种，建筑模型3种，工艺品3种，玩具组合2种，艺术用品1种，橡皮1种，闪存卡1种，儿童杂志1种，照片移动架子1种，自由女神雕塑模型1种，乐器1种，儿童连体裤1种，铅笔1种，可以拉伸的书1种。

按文创产品性质，又可分为常规文创产品和特展文创产品两类。常规文创产品是常年可购买到的普通文创产品，特展文创产品是针对某一特展或活动开发的限量版文创产品，具有一定的针对性和特殊性，并且价格高于常规文创产品。按产品类型可分为珠宝手表、雕塑艺术品、书籍杂志及海报等出版物、文具日历、家居装饰、儿童用品及玩具、服饰配饰七大类。

馆内设有近2万平方米的博物馆商店，馆内销售的书有6000多种。同时博物馆在纽约的一些大商场和其他城市共设立了23家博物馆商店的分店，包括纽约梅西百货、洛克菲勒中心、克莱斯勒大厦设有3处专卖店，新泽西纽瓦克自由国际机场、纽约肯尼迪机场、纽约拉瓜迪亚机场3处机场商店。其销售的商品近2万种，可以看出在美国购买大都会艺术博物馆的文创产品极为便利。大都会艺术博物馆还会紧盯感恩节、圣诞节、情人节礼品市场，每年5月必请几十位设计师从馆藏文物中再找元素设计新品，10月开始陆续推出，真正实现了“把博物馆带回家”的需求。这些产品设计感强，制作精良，且为一般商场所没有，市场辨识度高，有一些限量发行的定制礼品更受到高端人士的追捧。

除馆内商店及各分店外，它还最早拓展了网上商店和会员制度。目前，线上线下商品良性互动，每天线上商店都会为消费者提供2000 种以上的相关文创产品。缴纳会费成为会员，就可以选择在大都会艺术博物馆网店购物，或者通过博物馆邮寄目录在实体店消费，会员均享受所有文创产品10% 的折扣优惠。每隔一段时间，博物馆还会推出部分商品更大力度的折扣优惠活动，甚至会达到50% 的折扣。

在实体店和网店双管齐下的基础上，文创产品还会通过电视销售的形式向

公众宣传、服务。通过在电视节目中的循环播出，会有更多人了解、熟知大都会艺术博物馆的文创产品，这也是很明智的营销手段。除了美国本土外，大都会艺术博物馆还拓展海外实体店，在澳大利亚、墨西哥和泰国都各有3家实体店。销售渠道不断拓宽，产品创意性不断提高，展示宣传力度不断增强，随之而来的就是博物馆商店营业收入的迅猛增长。以2014年为例，其资产总值为37亿美元，各项收入、上年度转入等总收入为3.58亿美元，其中文创（涵盖餐饮停车等）合计7008万美元（2013年文创收入为6933万美元，相差不大）。虽然这个数字相比较于博物馆的总体财政预算不多，但它仍然是博物馆建设与发展的重要补充。

（二）文创的经营与管理亮点

1.营销场地

博物馆文创产品的开发、营销活动，是与博物馆自身规模及其拥有的藏品数量密切相关的。博物馆商店是博物馆文创产品营销的重要场所。从发达国家博物馆的实践来看，商店的面积一般都要占到博物馆总建筑面积的12％—15％。大都会艺术博物馆商店的营业面积从1949年的546平方米发展到2009年近22000平方米，与该馆目前19万平方米的整体体量相称。

2.连锁经营

大都会艺术博物馆蓬勃发展的文创产品零售业务也不仅限于博物馆内，而且还在纽约的一些大商场和其他城市设立销售点。大都会艺术博物馆在外向型经营拓展上非常成功，成为世界范围内的博物馆文创产品营销典范。博物馆还通过与澳大利亚、奥地利、墨西哥、印度、泰国、日本、马来西亚、新加坡等地的机场、百货公司的合作，将独家代理权出售给当地零售商。如今，大都会艺术博物馆已拥有23家专卖店（专柜）、343名销售人员，销售市场也从博物馆内扩展到了世界各地。

3.邮购目录

1921年大都会艺术博物馆开始通过邮寄产品目录的方式开展文创产品营销活动。“当时的博物馆文化产品内容主要是书籍和复制品。1952年起产品目录内容大幅增加，开始包括首饰等。”每一件目录产品都有独立的6位数编号，购买者在选定商品后，可以通过邮寄回执、拨打客服热线、发送传真、发送电子邮件，通过“网上大都会”的“从产品目录中订购”服务直接订购。迄今为止，该馆平均每年寄出1300多万本文化产品目录、为超过60万人邮售商品。

4.电子商务

大都会艺术博物馆的网上购物系统目前是美国最大最成功的博物馆网上购物系统。据统计，1999年以来，通过“网上大都会”购买博物馆文化产品的顾客数量平均每年以2％的速度递增。在经济、金融危机席卷全球的2009年，尽管大都会艺术博物馆的当年入会收入和累计会员总数有所下降，但“网上大都会”的会员却逆势上扬，首次达到27646人，占博物馆会员总数的21.52％。同时，也弥补了线下会员数量不断减少的颓势。由于网络营销无须支付店面成本、不受地理区域限制等优势，“网上大都会”有望成为该馆文创产品营销活动新的增长点。

5.特设礼品区

大都会艺术博物馆的电子商务平台上还特别在礼品区中开设了“商务礼品”一栏，为大中型公司、企业提供具有历史内涵的、高品位的商务礼品，以便体现企业的品位和地位。这些礼品的价格一般都要比普通礼品高。按加工程度不同，博物馆为商务礼品设置了两档价格区间：高级成品、个性化定制品。前者的价格从20美元到200美元不等，后者的价格平均比前者高出30%。

6.附加值服务

在大都会艺术博物馆为顾客提供的礼品包装里面还可以免费为每一份订单附上不超过120字的留言，博物馆相关工作人员会将留言打印在印有大都会艺术博物馆品牌标志的信纸上，经信封封装后打包在礼品盒中。同时，在邮寄商品的外包装上标明“这份礼物来自 ×××”，使馈赠者的心意准确、清楚地传递给收礼人。

综上可见，大都会艺术博物馆结合自身强大的资源支持、科学的营销策略、专业的营销队伍、完善的管理体系在文化产品营销方面取得了显著的成绩。无论是对拓宽博物馆收入来源、增加收入，还是对提升博物馆整体形象，促进博物馆各方面建设，都起着举足轻重的作用。

大英博物馆

大英博物馆（British Museum）不仅是英国也是世界上首屈一指的著名博物馆。内部管理主要实行“研究员—策展人”制度，主要有十大专业部门，研究员350人，员工总数超过2000人，由25人组成的理事会是其决策机构。它占地约13.5英亩，展览面积7万多平方米，馆藏文物超过700万件。在100多个展厅中，有90多个常设展览，涵盖欧洲、亚洲、非洲、美洲、不列颠、埃及、罗马、希腊、近东、太平洋地区的历史文化遗产与艺术。

2014年至2016年上半年开放的展览主要有：“凯尔特人：艺术与身份认

同”、“古代埃及：法老信仰”、“土著澳洲：经久不衰的文明”、“为美定义：古希腊艺术中的人体”、“德国：一个民族的诸种记忆”、“大明：改变中国的50年”、“古代的生命：新发现”、“德国分裂：巴塞利兹和同代艺术家”、“维京海盗：生命与传奇”、“超越埃尔多拉多：古代哥伦比亚的权利与黄金”、“春宫图：日本艺术中性与愉悦”、“庞贝和赫库兰尼姆的生死”、“冰河时期艺术展”、“莎士比亚主题艺术展”、“哈吉：在伊斯兰腹地旅行”、“天堂珍宝”、“死亡书”等。

一、代表文创产品

在专业的开发团队和专业销售团队的努力下，大英博物馆的文创产品种类多样，加上花色以及不同的款型，产品的总数很庞大。具体到每一个品种的数量，区别很大，这些都是以前期市场调查得出的分析结果为依据的。以“大明：改变中国的50年”特展的文创产品为例，观众规模为12万人，开发了图书7种，服装和配饰5种，珠宝首饰17种，厨房与家居用品8种，艺术印刷品2种，挂件小饰品14种，另有明信片、文具等。《大明：改变中国的50年》价格25英镑，《中国瓷器》14.99英镑，《中国艺术》12英镑，《中国爱情诗》9.99英镑。

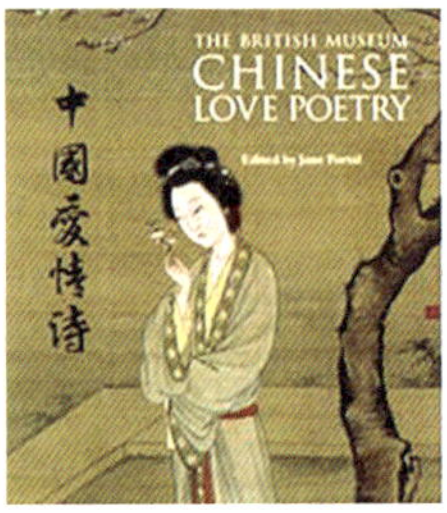

再比如马克杯，目前供应的共有24款不同图案的产品。各色马克杯都有一定的设计来源，图案均为专有图案。

在所有商品当中，大英博物馆出版的书籍特别是展览图册有非常高的市场认同度和关注度，每年此项销售总数超过70万册。一般的临时性展览图册都可以销售1万多册。此外，大英博物馆出版的学术与普及读物也深受读者青睐，几乎每一本书都可以成为一时的流行读物。比如，《大英博物馆100品》不仅书籍大卖，而且通过与BBC合作制作电视节目和出版影像制品，这本书和视频已经翻译成了多种文字出版，成为当年英国最有影响力的文化事件。

至今仍然销售的首饰、围巾、摆件也很受欢迎，价格为30—65英镑不等，比一般市场上的同类产品略高，这不仅仅因为艺术或图案授权的问题。博物馆生产的产品通常都属于“限量版”，设计很花工夫，不追求产量，这是博物馆文创产品的“常规”。因此，博物馆的产品即便与市场上同类产品同质，价格也要略高一些。

来自日本的两种玻璃器

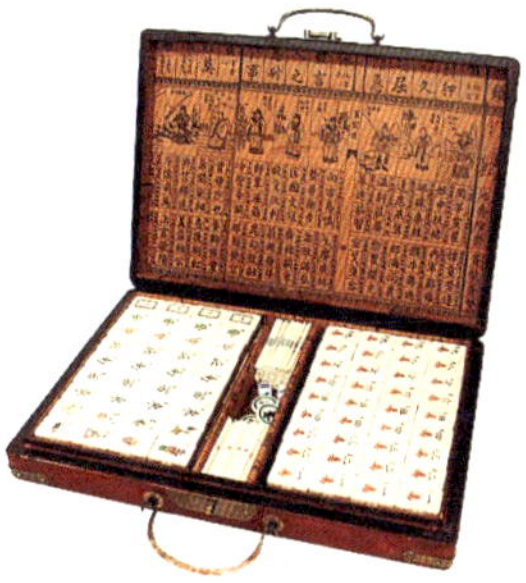

麻将

“大明展”还开发了龙纹雨伞、鼻烟壶、珍珠耳环、玉器耳环、配饰等。与美国的情况也大致相同，珍珠饰品一般比国内价格贵出不少，而玉器饰品则普遍比国内便宜。这些产品中，价格最高的是上海博物馆监制的仿明宣德单把青花莲花罐，售价225英镑。当然，比起来自日本的两件价格高达325英镑的玻璃器，中国有关的物件价格偏低。最有意思的文创产品是一款售价125英镑的麻将，它与国内一般骨制麻将无别，但在大英博物馆商店里售卖感觉很有意思。

大英博物馆最著名的藏品是《大英博物馆100：世界简史》中所涉及的物件，这些物件都有不平凡的历史，可以代表“一部世界简史”（大英博物馆版）。与这些物品相关的文创产品，绝大多数均有良好的销量。

此外，以下这些文创产品相当热销，这从一个侧面反映出观众的爱好与购物倾向。

各式耳环

埃及猫

斯芬克斯形象的儿童玩具

雕塑摆件（陈设）

二、大英博物馆文化创意产品开发经验

(一)大英博物馆文化创意产品开发概况

大英博物馆是英国最受大众欢迎的著名旅游目的地之一，代表了“最正统的”博物馆的形象和地位。一定意义上，现代公共博物馆是从英国发端的，博物馆在英国的受众非常多。

大英博物馆的文创产品开发有久远的历史。早在1973年，大英博物馆就成立了独立的“大英博物馆公司”（The British Museum Company），负责出版、零售、文化旅游和产品开发。此外，1994年还成立了负责接受捐助的“大英博物馆发展信托基金”，2000年成立了负责新建成的“大庭院”运作的“大英博物馆大庭院有限公司”。

针对大英博物馆所举办的展览，他们均进行了文创产品的研发与推广，每一个展览都有一个相对独立系统的商品组合。这些文创产品配合常规性的热销品和“代表性产品”，共同构成了大英博物馆的文创产品体系。大英博物馆并非仅仅围绕展览来开发文创产品，其700多万件(组)藏品中一年中展出的藏品在5万件左右，绝大多数没有机会得到展出的机会。因此，文创及其周边活动的开展等，成为博物馆工作的必需内容。文创产品主题或图案来自馆藏和展览内容，涉及主题繁多。按照区域来划分，包括了古代希腊罗马、欧洲、当代艺术、古埃及与近东地区、亚洲、中亚与伊斯兰地区、日本、大洋洲、非洲、墨西哥(印第安)以及文化景观等。大英博物馆“来自世界面向世界”的定位在文创方面也表现得很明显。

大英博物馆在文化创意领域是博物馆界的“模范生”，是佼佼者和引领时尚的先锋。大英博物馆的文创涉及方方面面，这与英国的政策相关。英国是最早践行“将博物馆带回家”的国家，英国也自认为是“工业设计之国”，而博物馆在工业设计中必须扮演重要角色。

大英博物馆的文创品种主要有珠宝首饰、项链配饰手链、手镯与耳环、袖口饰品、胸针、手表、地中海琥珀饰品、服装与配饰、书籍与多媒体音像制品、文具、雕塑、居家用品与办公室用品、儿童用品、棋类与游戏、厨房用品、茶叶与糕点、手袋与钱包、香水与美容品、苹果手机专用品、杂志、

围巾领带、领结、雨伞、印刷艺术品、明信片。商店里的商品琳琅满目，是礼品店 + 书店 + 时尚店的综合体。

作为一个重商主义思想盛行的国度，经营与管理的理念在英国深入人心。但是，英国的博物馆是免费开放的。大英博物馆实行免费开放政策可以追溯到20世纪70年代，虽然其间欧洲为了临时性收藏进行了收费，但总体上一直到今天大英博物馆均坚持免费政策。这是极其不容易的。

大英博物馆的经费主要来自政府拨款、补助金和自筹自营收入。从1995年至2015年20个财政年度来看，政府资金占70％左右，大英博物馆自筹自营收入占30％。英国是一个典型的重商国家，博物馆也是“生财有道”。如1998年建筑大庭院的1亿英镑中，30％的资金来自英国在20世纪90年代早期创立的国家彩票，此彩票为英国公共建设工程提供了很大一笔财源。而另一项遗产彩票提供了1600万英镑专款。剩下的5000多万英镑，是向英国人民与美国人民募款而来。此外，会员捐款与社会赞助也提供了大量的财源。大英博物馆实行会员制，约有8万会员，有志愿者800多人，捐款超过100万英镑的人士有百人之多。大英博物馆还通过兴办“博物馆之友”吸收社会资金和利用社会资金增加馆藏，例如通过大英博物馆之友、大英博物馆美国之友、大英博物馆加拿大之友获取社会支持，特别是资金的筹措。为了吸引会员和筹集经费，博物馆招数花样繁多，兴办了支持购置文物艺术品的特定外援组织，例如赞助收购和研究希腊罗马文物艺术品的外援组织，赞助研究古近东文物艺术品的古近东之友，赞助研究日本文物的日本之友，赞助印刷品和绘画艺术研究和购置的大师绘画赞助者组织。

同时，大英博物馆非常注重经营，比如仅仅大英博物馆公司就有100多名雇员。此外，大英博物馆发展信托基金有12人。大英博物馆文创产品商店除了主店外，还有多个地点的分店、网店以及馆外商店，这也是大英博物馆经营成功之道。

也有批评者认为，大英博物馆开发文创产品引来的是闹哄哄的“游客”而不是“观众”，严重干扰了“观众”参观的质量。对此，大英博物馆理事会有自己的态度和答案：大英博物馆的藏品来自世界，它也要服务于世界，其目标是建设一个全国性的博物馆，同时也要建设成一个世界性的博物馆。

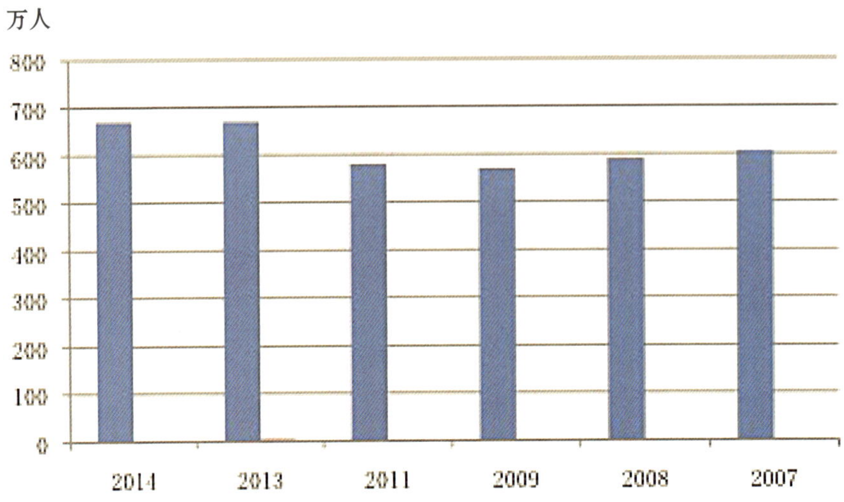

大英博物馆近年来观众数量统计图

说明：本图根据大英博物馆发布的年度报告制成，不含流动展览观众数。

其实，大英博物馆开发文创产品的重要意义不在于实际上给博物馆带来多大的经济实惠，主要考虑文创产品是博物馆参观体验的重要构成部分，即主要考虑其社会效益和文化效益。文创虽然也有不少的营收，但在整体经费中所占比重不大，只是补充部分。根据伦敦大学经济学教授麦迪森等的研究，观众参观大英博物馆的消费平均为8.05英镑。大英博物馆年观众平均数在400万—600万人之间，博物馆可从观众那里获得3500万—4500万英镑的收入。但是，这个金额不足博物馆运转所需经费的10%。

（二）亮点做法

1.商品开发与经营

英国有非常完善的知识产权保护法律和体系，博物馆在文创开发中通常采用艺术授权的方式，绝大多数博物馆不一定有大量资金投入到产品的研发中，但可以通过授权，与相关设计企业、制造企业合作来进行。获得大英博物馆商业授权可以联系其市场部门，包括博物馆出版物、LOGO等，非商业使用图案以及400页以内的图书等，也需要联系申请。

大英博物馆从20世纪70年代就成立了专门的公司，他们认为，必须把专业事情交给专业的人（或团队）来做。大英博物馆的文创工作就是这样，他们有一个庞大的团队，其专业水平、创意水平和运作水平都是一流的。

在大英博物馆购物时，遇到某些物件（比如来自中国的玉器）公司缺少相应的专业人员的情况时（大英博物馆面向世界，因此好多领域的人手反而不足），他们通常会告知顾客此款商品属于易损商品，请当面检查妥当，一旦售出概不退换。他们不是一味“满足”顾客，而是声明在先。

2.会员优惠

大英博物馆的会员人数众多，从2012年4.8万名发展到了2014年的8万名。一般会员只要登记注册即可。会员除了捐助外，还有固定会费。博物馆会员享受很多优惠，文创产品一般给予会员至少10％的优惠。

3.其他优惠

博物馆有定期“清仓”和印刷品等免运费政策。定期“清仓甩卖”，一方面为了清理库存，另一方面是吸引购物的好主意。通常稍微过了“热点时段”的文创产品都会降价，幅度大小不一。另外，大英博物馆有一项最受海外客户欢迎的政策就是：全球直邮。这就要求人力、技术等支持，大英博物馆能够如此做，可见其博物馆公司系统的强大。

维多利亚与艾尔伯特博物馆

成立于1852年的维多利亚与艾尔伯特博物馆（Victoria and Albert Museum，V&A）位于英国伦敦南肯辛顿，以维多利亚女王和艾尔伯特公爵联名命名，是世界上最大的装饰艺术和设计博物馆。该馆现拥有以设计与装饰为主题的永久藏品450万件，包含四大部分：典雅装饰、美轮美奂、英伦气质、异域风情。馆藏跨越2000年历史，上至希腊罗马，下至当代艺术、设计、建筑等无所不包，成为世界工艺美术集大成之地。

V&A是近年在设计与艺术界最活跃、影响力最大的博物馆。它以敏锐的市场嗅觉，准确地找出观众感兴趣的题材，而且对当代设计展览的规划也相当深入，因此能成功吸引观众，同时维持高水准的“品牌”形象。V&A的使命是:“要成为世界一流的艺术和设计博物馆。通过促进人们对设计的知识、理解和享受，丰富人们的生活，激发普通民众和创意产业中人群的灵感。”

V&A 遵循以下四个原则:（1）为观众提供最优质的参观体验，并且能够让人们可以进行物理性和数字化的访问，且两种都可以激发他们的创造力;（2）作为世界领先的艺术博物馆能够得到国际承认和推崇;（3）通过引导设计领域的辩论，激发设计师和制造者的灵感，选择出色的设计，促进人们对艺术、设计和表演的欣赏，来支持和领导英国创意经济;（4）能调动财政和组织的主动性和效率。

一、代表文创产品

V&A 文化产品分为以下几类：书籍、珠宝、时装和装饰、家居产品、印刷品和海报、文具、儿童产品、手工艺品材料。

（一）书籍

出版物在全世界销售，把美丽的、具有创新性和流行的艺术传播出去。每年 V&A 自己会出版大约30种书籍，公开版权，书籍的插图质量非常高。书店涵盖了以下种类的产品：普通出版物、展览图册、时尚用品和纺织品、设计与工艺图书、艺术品与摄影、亚洲和中东伊斯兰教图书、儿童书籍、不列颠图书、历史和非小说类文学作品、文学和理论作品、生活类图书、杂志、CD 和 DVD 等。

David Bowie is Personal Portfolio - Black Edition
£650.00

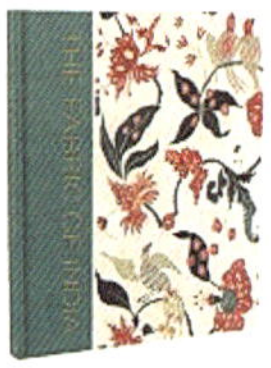

The Fabric of India (Hardback)
£35.00

David Bowie Is (Deluxe Hardback)
£35.00

Julia Margaret Cameron (Paperback)
£20.00

Bejewelled Treasures: The Al Thani Collection (Hardback)
£25.00

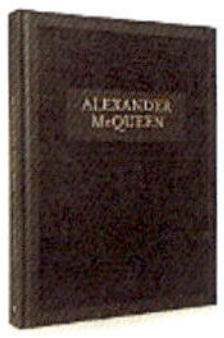

Alexander McQueen (Hardback)
£35.00

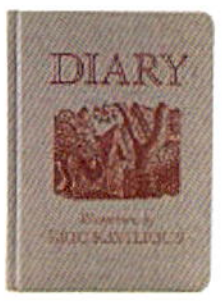

Diary: Illustrations by Eric Ravilious (Hardcover)
£10.00

London Couture: British Luxury 1923-1975 (Hardback)
£50.00

（二）珠宝

珠宝精美绝伦，由馆藏独一无二的藏品设计而来，由著名设计师进行设计与创作。珠宝的种类繁多，包括耳坠、项链、戒指、手镯和胸针、V&A 藏

绿松石水晶手镯

品的灵感设计、男士珠宝、自然的灵感设计、珍珠饰品、宝石、重金属、现当代设计、弗洛勒尔婚礼珠宝等。V&A 网站上列出了28位设计师的名字，每位设计师设计的珠宝作品列在其后，共有198种珠宝在网上出售。

绿松石水晶手镯受印度鲜亮明快珠宝风格的影响，设计师迈克尔·文森特·米肯（Michael Vincent Michaud）把玻璃首饰压铸成简洁而又高雅的圆形和泪滴状。迈克尔·文森特·米肯拥有美国最好的玻璃艺术工作室，工作室设立在很多机构内，包括有名望的 Corning 和 Urban 玻璃项目。迈克尔·文森特·米肯不仅精通玻璃工艺和珠宝制作，还具备很强的色彩敏锐度，使他设计的珠宝灵巧又漂亮。

（三）时装和配饰

与时尚相关的时装与配饰，包括非常受欢迎的丝巾、包和手提袋、领带和领带夹、服装、工艺学和私人配饰、护目镜、发饰等。

William Morris “克雷”丝巾

时尚的“克雷”丝巾素材来源于知名设计师 William Morris（1834—1896）最知名的设计之一，这名为“克雷”花卉图案，蕴藏着他一贯的设计作风，是他在1884年设计的奇妙复杂的花卉图案，如今将这一花卉图案转换为精美飘逸的丝绸，其美妙的光泽不言而喻。

C.F.A. Voysey 猫头鹰领带

V&A 猫头鹰领带设计元素来自在博物馆收藏的装饰织物“猫头鹰”，是 C.F.A. Voysey 在1898年设计的一个作品。

（四）家居产品

选择最有代表性的藏品，或者从最原始的和离奇的片段中选择元素设计成家居产品是非常令人愉悦的。家居产品包括厨房用具、家居装饰、餐具、食品和饮料、智力玩具和游戏、园艺和户外用品、家居纺织品、手工制品、艺术品和家居手工制品、茶巾等。

V&A“绣球花”杯子和托盘

漂亮的中国骨灰瓷杯子和托盘由 V&A 独家打造，以绣球花为元素，这是 C.F.A. Voysey（1857—1941）在1918年设计的织物图案。

（五）印刷品和海报

V&A 从世界各地收集过来的海报和印刷品也是它的一类收藏品，可以带来创作的灵感。这类产品主要包括普通印刷品、限量版印刷品、装裱好的印刷品、带画框的印刷品、地图、大卫·鲍伊印刷品、画框、V&A 独家

蓝色缎花——Angie Lewin（限量版）

出品海报等。

Angie Lewin 的藏品有很多种，这一幅“蓝色缎花”是静物，画中有诺福克北部的干海藻，从她家花园里挖出来的旧瓷片，这些都分散在代夫特盘子和一个药用罐子的周围。“蓝色缎花”限量发售150幅，并有签名和编号。

（六）文具

V&A 是一个各种纹样与图案的百科全书，各种图样作为装饰设计，让你拥有无限的想象。V&A 文具包括日历、日记本、明信片、办公用品、桌面饰品、贺卡、V&A 信纸、圣诞贺卡等。

V&A 图案的100张美丽的明信片是从 V&A 最畅销的图案中精选出来的，包括织物图案、壁纸、时装和家居装饰等。这些明信片是 V&A 设计类藏品中最有代表性和最完美的。

V&A 图案明信片

V&A 联合英国设计师 Michael Sodeau 与日本著名制造业公司 Suikosha，开启了一项历时两年的创新设计项目。这个项目涉及了广泛的日常生活用品和办公用品，极具独创性的剪刀、订书机、橡皮擦正是该项目中文具系列产品之一。该系列的设计着重于展示联合创作者对于文具的艺术性和功能性设计结合的前景理念。Michael Sodeau 是英国当代领先的工业设计师和艺术家之一，他的部分个人作品作为新英格兰工业设计的代表已被 V&A 永久收藏。介于这套文具用品的美观实用性与拥有殊荣感，该系列产品受到绝大多数参观者的欢迎，并成为 Michael Sodeau 发烧友们必购的基础装配。

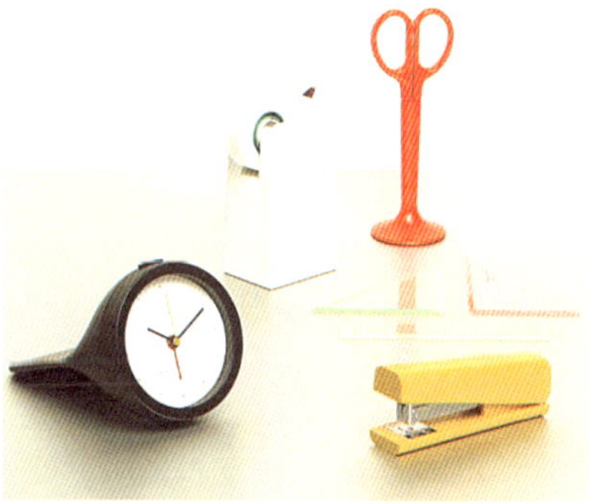

Michael Sodeau 文具用品

（七）儿童产品

创意是 V&A 的核心，无论是小学生还是世界级的设计师，博物馆的这些藏品和正在展示的设计作品都会是一种无法超越的资源，可以激发各个年龄段创作者的灵感。儿童产品包括玩具、游戏和手工制品、服装和饰品、儿童房、儿童书籍和文具、克拉拉纽扣、小小艺术家等。

Clara Button“咖啡馆场景”A3印刷品

Clara Button 是 V&A 最畅销的儿童书籍，已经开发出了很多受人欢迎的产品，比如文具、印刷品和游戏等。

这个套装包括6个可爱的马戏团动物，还有用来把它们击倒的两个球。

动物马戏团传统木质游戏偶

（八）手工艺品材料

V&A 商店里有范围很广泛的手工材料，有创意性的套装会把你武装起来，让手工艺项目更可实现，具有时尚性。手工材料包括缝纫用品、艺术原料、邮票和套装工具、手工书籍和指南等。

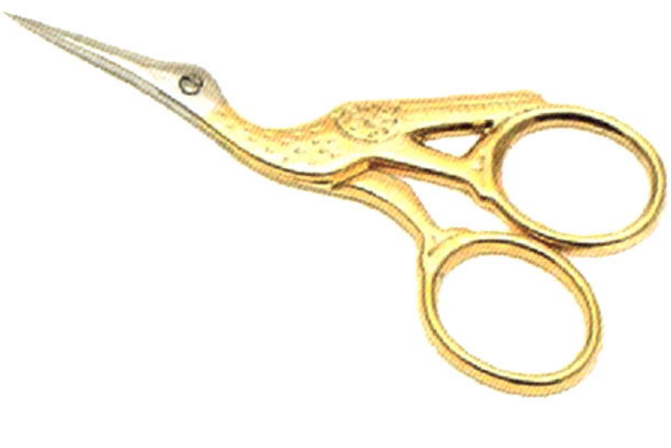

金色仙鹤剪刀

（九）配合展览的文创产品

V&A 在展览策划时通常会将文创产品规划进去，已经开发出大量的展览文创产品。产品是建立在实用性的基础上的，针对馆内展出的重要展览，进行深度挖掘，利用展览中的元素，开发、制作、销售具有展览属性的文创产品。其特点是产品开发的思路更为宽阔，配合展览的文创产品与展览内容呼应，容

"印度的布艺展"的手提包

易引起消费者的共鸣，在时间和空间上延伸展览的维度。

2015年6月13日至2016年1月31日的"鞋：喜悦与疼痛展"，展出了200多双极致的鞋子。这些鞋有2000多年的历史，挖掘世界各地的鞋所带来的变幻。配合此展览，开发了鞋子照片图的日记本、海报印刷品、鞋带、袜子、围巾、各种卡片等。

二、V&A 文化创意产品开发经验

（一）V&A 文化创意产品开发概况

V&A 如今成为特指，成为行业的标志和博物馆文创的符号。V&A 的文创产品几乎涵盖了由馆内大量不同风格、年代和质地的展品为灵感设计的精美之作。除此之外，还有早期好莱坞偶像风格的设计师珠宝，中世纪、文艺复兴时期或现代主义主题的珍藏，古旧的圣诞贺卡、冬装、茶具和许多其他物品。

在文创产品开发过程中也非常重视其类别的丰富性和生活相关性。V&A 拥有2000多种文创产品，有着多种颜色和大小，这些产品均从不同的 V&A 藏品中汲取灵感。除了图书、画册和印刷品等外，V&A 还开发了一系列与人们生活相关，或可实用，或可做装饰美化的日常生活用品，例如玻璃器皿、瓷器、家居纺织品、装饰材料、玩具、珠宝、个人配件、地毯和贺卡等。与此结合的是有广泛选择的、适合各种年龄和消费水平的、便宜又鼓舞人心的设计理念。博物馆拥有一批创意领先的设计师为其打造独具一格的文创产品，其中包括埃德姆、罗亚·达夫、塔塔·纳卡、亚历克西斯·毕塔尔、珍宝·哈特、德容姆·德布瑞那、萨拉卡文德、穆尼尔·伊拉斯谟圣、斯德克门·皮特、理查德·丹尼斯、埃德蒙·德瓦尔、肯·伊斯曼、詹姆斯·布朗、夏洛特曼、安吉列文、弗雷德·巴特勒和罗布·瑞恩。由于这些产品是基于博物馆的典藏，结合了名人效应又经济实用，因此深受参观者的喜爱。

其书店也是在世界范围久负盛名的。书店致力于收纳广泛的艺术领域书籍，并为专家、学生和时尚爱好者提供一个良好的阅读环境。V&A 书店旨在鼓励对于 V&A 及整个设计世界的各个方面所作贡献的欣赏。这其中包括图形、摄影、服饰、建筑、珠宝、雕塑、纺织品和更多极具特色商品。

V&A 还开通了线上商店（网址：www.vandashop.com），让更多的人享受艺术与设计给生活所带来的愉悦。并且在网站最上方标注：“在此购物会直接支持 V&A 的工作。”商店还有很多打折信息，促销力度较大，让喜欢时尚又想省钱的人买到更多实惠又精美的东西。

网络和实体商店的采购以三类产品为基础：灵感类（品牌授权的）、创作类（委托制造的）、珍爱类（来自世界各地的时尚设计精品）。馆内的商店出售由品牌授权和委托制造的各类商品，还有其他设计精品。

V&A 中国线上商店已经开通，成为首家拥有独立中文网站的欧洲博物馆。从此中国艺术爱好者可以同步了解维多利亚与艾尔伯特博物馆（V&A）的最新动态，足不出户领略这一世界领先的艺术与设计博物馆的风采。

（二）亮点做法

1.V&A文创产品开发特点

（1）有独立的运营机构——V&A 企业有限公司

公司经营是大多数英国国有博物馆首选的经营模式。V&A 企业有限公司是隶属于博物馆的一家独立经营公司，独家负责博物馆品牌的商业代理、开发和保护。公司员工125名，年收入1300万英镑（2015年数据）。主要业务是零售、出版、合作授权（包括品牌和图像）、数字媒体、商业使用权管理、产品设计、网上购物。其业务集艺术授权、产品设计开发、销售于一体的。既可自己进行产品开发，也可授权他人合作。公司部门包括：品牌开发、设计和采购；授权（品牌和图像授权，品牌授权中也包括一些资料的授权）；出版；网上商店、物流和订单执行；零售业务、形象展示和人力资源；销售规划、产品推介和项目；财务和企业管理；数字媒体（应用软件和语音导览、业务开发：对数字资源的商业化应用）。

（2）资金来源和去向明确公开

V&A 创收入有4个来源：销售收入、出版、许可授权金、权利金以及数字资源收入。其收益100％返回到博物馆，用以保证其国际领先的地位，并为展览、收藏和研究提供资金。

（3）规范的计划书

V&A 的《品牌许可计划》多次获奖，包括国际专利授权业者协会 2011年度最佳特许品牌奖，及英国最佳品牌和产品特许奖。

（4）优质的产品

藏品内容主要是艺术和设计，它的宗旨是向世人展示艺术作品的魅力，并激发英国设计师和制造商的灵感。

2.艺术授权

国际上通行的“授权行业”的定义是：“授权即是授权者（licensor）提供技术或专属的权利给被授权者（licensee），包含授权者、被授权者和零售商的三角关系，授权者要决定产品的授权和策略，选择被授权者和协商契约内容，收集权利金。”“博物馆艺术授权”是指博物馆将自己所拥有知识产权的与馆藏品或本馆相关的图像或者商标等以合同的形式授予被授权者使用；被授权者按合同规定从事经营活动（通常是生产、复制、销售某种产品或者提供某种服务），并向授权者支付相应的费用——权利金；同时博物馆给予相应的指导与协助。

作为一个设计师和制造商，可以与 V&A 合作取得授权，用卓越的藏品来激发自身灵感，从 V&A 的品牌价值中受益。V&A 与合作伙伴进行联合，让 V&A 品牌的视觉形象通过产品扩展到全世界，如家居用品、文具、配件、珠宝、织物和礼物。所有的利润都会重新投入博物馆，资助展览和未来的研究与收藏。

（1）品牌授权

品牌授权是指博物馆授权企业使用其注册商标及馆藏文物的图像于文创产品的生产，商品上印制双方品牌商标，属双品牌。V&A 特许产品属于灵感类，表明产品由被授权商设计、开发，并得到 V&A 授权，合作伙伴拥有自己的销售渠道和市场，被选中的产品也会在 V&A 商店销售。

（2）委托制造

这类产品是创作类产品，由 V&A 自己的设计团队构思或者委托外部设计师设计。产品由 V&A 独家所有，仅在 V&A 商店和网上商店销售。

（3）图像授权

图像授权的含义是博物馆将馆藏品的底片、照片、数字图档或其他图像资料，授权馆外机构或个人使用，包括营利或非营利用途，并收取相应的权利金。图像授权可以应用于教育、学术研究等非营利的目的，也可用于商品开发、影视制作、出版等营利性的目的，依据目的和产品的不同，收取权利金的方式和数额也不同。V&A 有专门的商业图片网站 www.vandaimages.com，对外进行图像授权。

后记

《文化文物单位文化创意产品开发案例集》由文化部文化产业司、国家文物局博物馆与社会文物司（科技司）和中央文化管理干部学院合作编写。在本书编写过程中，文化部文化产业司、国家文物局博物馆与社会文物司（科技司）在政策指导、单位协调、内容审定等方面给予了大力支持和悉心指导。中央文化管理干部学院承担了本书调研研讨、体例拟定、组织编写、书稿审改、编辑出版等工作。

为保证本书编写的质量和水平，中央文化管理干部学院加强工作统筹和业务协调。学院院长周庆富同志主持并指导编写工作。卢娟同志为本书编写做了大量协调组织工作。在相关机构和专家大力支持下，编写组采取专家研讨和访谈、文创产品展览会观摩交流、实地考察、问卷调查等多种方式，对全国文化文物单位文化创意产品开发经营情况进行了全面了解；多次组织召开专家研讨会，研究确定入选案例名单及编写体例；联合专业机构与入选单位充分沟通做好案例征集工作；多次组织专家审稿改稿会，对案例内容做了数次修订，最终编辑完成本书。

本书编写获得了中国博物馆协会、中国文物报社等单位的大力协助，李金光、李学良、李晨、仇岩、钟梅等同志在制定编写体例、确定入选案例、征集案例等方面给予了悉心指导，提供了若干建设性意见和建议，并为相关组织工作付出了辛劳。相关博物馆、美术馆、图书馆、纪念馆、文艺院团等单位高度重视，给予有力配合，专门为本书提供了文稿，为圆满完成本书编写任务奠定了坚实基础。潘守永教授承担了国外案例初稿主持编写工作。毕绪龙同志在书稿编写、修订等方面做了许多工作。段俊杰同志在资料梳理、联络沟通、书稿修订及编务方面付出了辛勤劳动。在此一并表示衷心感谢和诚挚敬意!

由于编者水平有限，书中难免存在错误和疏漏之处，恳请读者批评指正。

2017年4月